中国金融博物馆 CHINESE MUSEUM OF FINANCE

博物馆里说革命金融

LEGENDS OF REVOLUTIONARY FINANCE IN THE MUSEUM

中国金融博物馆 编著

首都经济贸易大学出版社
Capital University of Economics and Business Press
·北 京·

目　录

第一部分　革命金融背景梳理

第二部分 共产党革命金融的来龙去脉

第三部分　中国人民银行的历史与现状（从南汉宸到周小川的65年）

第四部分　著名政治家与金融

第五部分 中国金融全景与未来格局

第一部分　革命金融背景梳理

1　民国以前的金融乱局（1840—1911）

1.1　基础货币：白银、铜钱

1.1.1　银（两）铜（文）复本位制

清朝初期，已经确定“大数用银，小数用钱”的货币政策，并规定一千文铜钱兑换一两白银的流通原则。但在具体实行中，银两的重量、成色和计量单位非常复杂和混乱，甚

白银

至中央政府、地方政府和各部门间自行其道，有“库平”“漕平”“司马平”等不同的衡度标准。

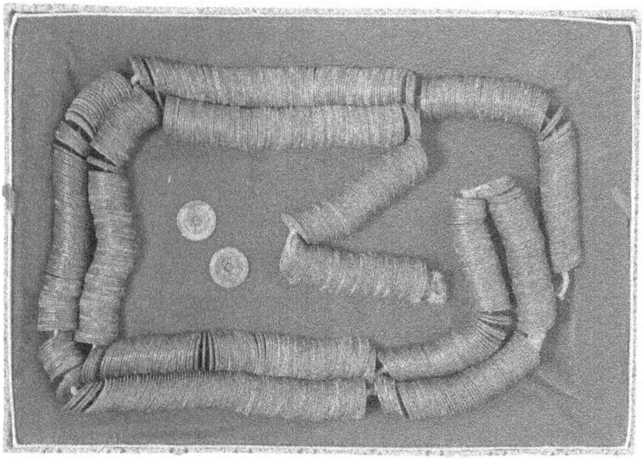

铜钱

1.1.2　白银货币

1.1.2.1　外国银圆充斥中国市场

中国货币交易接纳外资注入，始于嘉庆年间（1796—1820），其标志是银圆的普及。乾隆后期，苏州、松江等对外贸易比较发达的地区，已专用外国银圆。

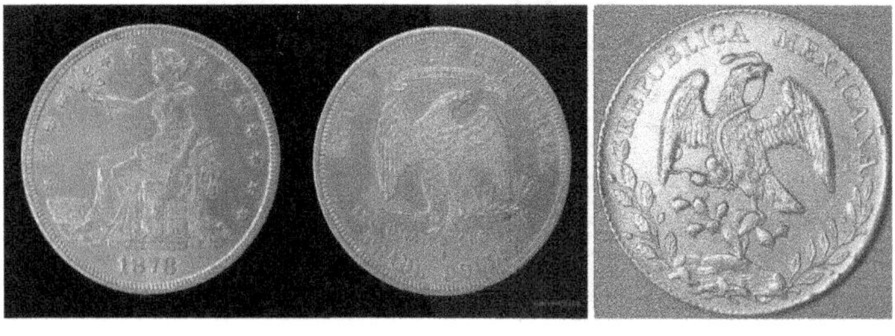

外国银圆

外国银圆产地无论是西班牙、墨西哥还是美国，其一枚都折合纯银七钱二分，除墨西哥“鹰洋”外，成色都非常统一，便于交易和计算。开埠之前，银圆事实上已取代传统银两，成为口岸地区大宗交易的主要货币。

1.1.2.2　中国银圆的出现

光绪十五年（1890），中国官方正式始铸银圆，此后一直维持着银两、银圆并行的货币制。

中国银圆

1.1.2.3　大清银币

大清银币

1910 年，清政府将铸币权统一于中央，规定以含银七钱二分的“大清银币”为国币。辛亥革命爆发，所有已铸成的银币均充作军饷，故终清一代，只有各省自铸的银圆，而无统一铸造的符合全国标准的银币。

1.2　外资银行的进入

1847 年，丽如银行（Oriental Bank）在上海开业，是英资银行，也是外资银行进入中国境内的开始。丽如银行的进入揭开了近代上海银行业发展的序幕，当时上海流通的钞票大都由丽如银行发行。随后，被香港称为“渣打银行”的麦加利银行（Chartered Bank）和汇丰银行分别于1858年、1865年在上海开业。

外资银行

汇丰银行于1874年开始了针对清政府的政治借款，从此深入地纠缠进中国的政经漩涡，自身也发展成亚洲最大的银行之一。因身处租界，外资银行发行的纸币不受中国政府的监管。

汇丰银行标牌

外资银行钱币

1.3　中央政府加强金融管控

十九世纪末期，全球金融态势发生重大转变，明显的标志就是金本位制的确立和中央银行的设立。清政府也起而应对，朝这两个方面缓慢转型。

1.3.1　中央银行的设立

1.3.1.1　第一家华资银行的出现

甲午战败后，因需要赔付巨额赔款，洋务企业出现资金严重短缺的情况。1897 年 5 月 27 日，由盛宣怀发起，具有“官督商办”性质的中国通商银行在上海创立。中国通商银行成立之初，即被国家授予发行银圆、银两两种钞票的特权，成为第一家发钞的华商银行。至此国中始见本国纸币与外商银行之纸币分庭抗礼，金融大权不复为外商银行所把持。除发钞外，该行并代收库银，全国各大行省均先后设立分行。

1.3.1.2　建立背景

鸦片战争后，外国银行进入中国。国内各省为了增强自

华资银行钱币

身财力，相继办起了官银钱局发行官钱票，民间也开办钱庄、票号。各种钞票、钱票混合流通或各占一地，金融秩序十分混乱。为挽救危局，光绪二十九年（1903 年），清政府派振贝子、那桐、张允言三人到日本考察财政币制金融情况，研究筹设银行发行纸币。

1.3.1.3 户部银行

户部银行创办于 1905 年，总行设在北京，中国第一个国家中央银行由此诞生。除经营存贷款项、买卖金银、折收期票、汇兑划拨公私款项、代人收存财物等一般银行业务外，户部银行还有承领银铜铸币、发行纸币、代理部库等特权，实际上具有中央银行和商业银行二重性质。

华资银行钱币

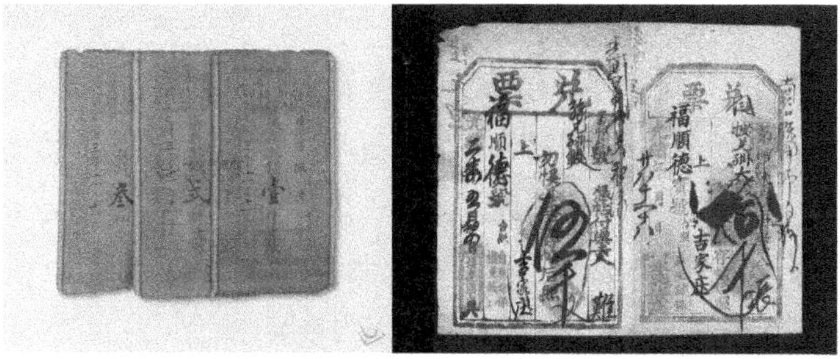

华资银行钱币

1911 年 3 月，该银行开始缩小普通银行的业务，以战略性、政策性的“维持币制，活动金融”为己任，准备正式转型为中央银行，但 10 月辛亥革命的爆发打断了这一进程。

大清户部银行纸币

1.3.2 金本位制的初试

中国富商有囤积银两（银圆）的习惯，白银沉淀，不再进入流通领域，造成银价高昂。与此同时，世界各国纷纷转为金本位制，全球金价逐年高扬。金贵银贱，白银外流，清政府不得不考虑是否改行金本位制。但朝廷重臣各执一词，意见很不统一，这一项币制改革成为悬案。

1.4 金融风暴

1.4.1 平准股票交易所

鸦片战争后，随着通商口岸的开放，外国资本登陆中国，股份公司和证券交易所在中国落地生根。1872 年，中国近代第一家股份制企业——轮船招商局成立，并发行了中国第一张股票。1882 年，上海平准股票公司成立，这是中国人自办的第一家专门从事股票买卖的公司，也是中国证券交易所的前身。

1.4.2 1883 年倒账风潮

1883 年倒账风潮可谓历史上首次真正意义上的金融风暴。鸦片战争后外资银行控制了中国金融市场，国内钱庄自身资力弱小又缺乏资金积累机制，严重依赖于外资银行，并且票号、钱庄的拆款用于长期放款，一遇波动，终致支付危机。而此时我国首次形成兴办股份制企业的热潮，造成过度投资股市，导致股票跌价，公司倒闭，牵连许多以股票为担保品的放款和从事股票买卖的钱庄。此次风潮从上海一家商号倒闭开始，最后导致 87% 的钱庄倒闭，并波及其他城市。中国首家证券交易所——平准股票公司也在此次风潮中倒闭。

开平矿务局发行的股票在金融风潮中受到冲击

倒账风潮

1.4.3　1897 贴票风潮

“贴票”，就是一种高息揽储的做法，由潮州商人的协和钱庄在上海创立。起初利率为 20% ~30%，后来甚至高达 50% ~60%。虽然吸收了大量资金但由于贴票发行过多，利息陡升，钱庄无法按时兑现引起存款者恐慌，纷纷要求提现。1897 年，大批钱庄倒闭，造成一次严重的金融危机。

邑庙内园钱业公所

钱庄高息揽储放款给企业

1.4.4　1910 橡皮股票风潮

橡皮即橡胶，橡皮股票就是以种植橡树、割取橡胶为业的公司发行的股票。1909 年世界橡胶市价高涨，市场上橡胶业股票迅速看涨，票面额60两白银的股票被翻炒至1 500两之高。随着美国政府对橡胶消费限制令的出台，国际胶价大幅度回落，橡皮股票的交易价也开始暴跌。这使得外资银行开始对市场失去信心，拒绝收取钱庄开出的庄票，并停止拆借而收回欠款。这一系列举措，加上辛亥革命在华中的外贸重地武汉爆发，使得上海53%的钱庄倒闭，损失总额超过二千万两。

金融乱象

币制混乱，金融行业缺乏监管，外资银行独大，金融环境恶劣。就在这种严重的态势下，中国进入了1912年，进入了“中华民国”。

2　北洋时期的金融（1911—1927）

2.1　财政上的困窘

1913 年 3 月，袁世凯在北京就任中华民国临时大总统，并于 10 月被第一届国会选举为正式大总统。他首要面对的是财政上的困窘。清政府的中央财政收入为一亿九千万元，其中 92% 来自全国各省的财政上缴。而 1912 年，中央财政收入只有三千万元不到，且军费膨胀，入不敷出。

面临财政危机、国库亏空和军费紧张，中央政府只能靠向外国银行借款度日，同时许多优秀的财政金融措施也难以推行。

袁世凯就任总统即面临财政上的困窘

2.2　银本位制确立，确立“国币”地位

2.2.1　币制混乱

清末白银已经成为主要货币，但政府并未统一铸币，市面流通为民间熔铸的银两和外来银圆。“两元并行”极大程

度地妨碍了各地各界的金融交流，外国货币的通行也损害了中国的金融主权。更重要的是，由于政府在货币发行方面的缺席，使得中央已没有任何货币本位可言。

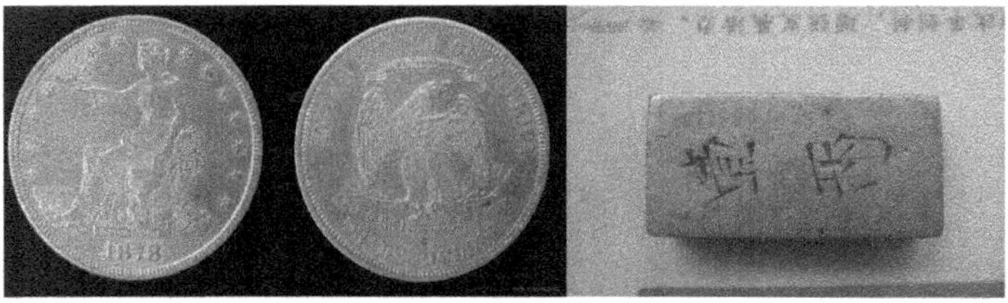

清朝钱庄兑换用的砝码

2.2.2 银本位制确立

1914 年 2 月，袁世凯推行币制改革，颁行《国币条例》，设立币制局，垄断铸币权，决定发行重量七钱二分的一元银币，正面为袁世凯头像。1915 年 1 月，被称为“袁大头”的国币正式面世，这是中国近代史上第一次确定法定货币，也标志着银本位制的确立。

袁大头

2.2.3 金本位制的流产

《国币条例》的实施细则中说明，中国实行银本位制只是权宜之计，其最终目标是实行当时已经为国际惯例的金本位制。1915 年 8 月，财政部颁行该条例的修正案，决定发行面额为十元、二十元的金币，以为过渡到金本位制作准备。

随着袁世凯去世，此事没了下文。1918 年 8 月，段祺瑞政府决定整理币制，发行“金券”，以正式实行金本位制。但由于当时国内军政分裂造成的财政混乱，这一政策没有得到有效推行。整个北洋政府时期遂以实行银本位制而告终。

2.2.4　银圆行市的统一

辛亥革命爆发，各省因急于用款，不仅加工赶铸银圆，还滥铸铜圆，滥发钞票和军用票，币制混乱。因而清末中国银圆，以墨西哥“鹰洋”为主。大量外国银圆充斥中国市场，对中国正常的金融秩序形成威胁。1915 年 1 月，国币“袁大头”正式面世，因其形式划一，重量成色严格按照规定标准，比较各种成色不一的其他旧币明显优越，遂逐渐取代了外国银圆。

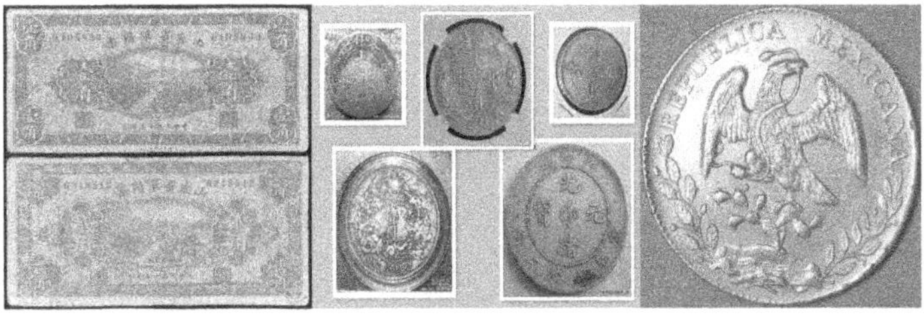

币制混乱

2.3　民间金融勃兴

2.3.1　中国北方金融业的发展

经济作物的种植面积在整个农业生产面积中的比重是

检验一个地区农业的进步程度的标准。乾隆年间开始，华北的农业就开始欣欣向荣，无论品种还是产量都逐步和南方接近。大量经济作物的种植标志着农业产品商品化的转型，也为华北地区工业化进程提供了物质保证和资金保证。

“中华民国”的建立使得国内民主化进程加快，1914年7月欧洲战争的爆发使得列强无暇在亚洲加大经济压迫。内外双重因素刺激了中国民间金融业的现代化改造，现代意义上的金融机构纷纷诞生，形成“南三行”“北四行”两大金融集团。

2.3.1.1 北四行的力量

北四行是盐业、金城、中南和大陆四家北方著名的私营银行的合称，主要根据地是天津。创办北四行的金融家和北洋政府（及其官办银行）有着密切联系，并在一定程度上控制了整个华北地区的金融。

盐业银行创办人张镇芳

金城银行创办人周作民

大陆银行创办人谈荔孙

中南银行创办人黄奕住

2.3.1.2 四行储蓄会

四行储蓄会

整个北洋时期（1912—1927），由于天时、地利、人和之具备，“北四行”发展迅速，并在发展之中逐渐联合。1922年，组建“四行联营事务所”，随后又组建“联合准备库”和“四行储蓄会”，成为现代意义上最重要的民营战略银团。至1927年，“北四行”实收资本达到二千七百万元，与之相比，包括“南三行”在内的其余二十七家民营银行实收资本总额为三千二百四十万元。

2.3.2 中国南方金融的发展

2.3.2.1 南三行的力量

浙江兴业银行、浙江实业银行和上海商业储蓄银行合称南三行。三家银行都由江浙籍银行家投资创办和主持管理，并都以上海为基地，在经营上互相声援、互相支持，互兼董

南三行

监，虽没有联营或集团的组织形式，但实际上收到了联合经营的指臂相助的效果。

2.3.2.2　上海证券物品交易所

1920年前，中国的证券、商品交易大多由洋人所控制。孙中山从日返沪后，不满这种现状。为筹集革命经费，他联络虞洽卿等人，向北洋政府农商部申请成立“上海交易所”，却因张勋复辟，政局动荡而搁浅。经虞洽卿等人的数次努力，上海证券物品交易所终于在1920年7月正式开幕。

上海证券物品交易所原始股价每股三十元，孙中山、蒋介石等国民党人均有参股，或者代表国民党入股。主要经营者有张静江、陈果夫等人。按照当时约定，赢利所得当贡献给党组织作为革命经费。

上海证券物品交易所

2.3.2.3　信交风潮

上海证券物品交易所赢利丰厚，吸引众多投机商纷纷效仿，至1921年9月，上海各类交易所竟达一百三十家，为交易所提供资金支持的信托公司也应运而生。信托公司一方面从钱庄吸纳资金，另一方面用这些资金在交易所从事投机炒作。当交易所股票估价虚高六七倍时，钱庄产生信心危机，不再放款，导致股票投机者资金运转失灵，信托公司和交易所纷纷倒闭。

信交风潮

3　国民政府时期的金融（1927—1937）

3.1　国民政府“中中交农”四行体系的形成

3.1.1　中央银行的设立

央行原址

1928 年 11 月，总行位于上海的中央银行成立，分行遍布全国。其主要职能是统一国家币制，统一国家金库，调剂国内金融。在法币政策未施行之前，央行既铸造国币银圆，也发行银圆兑换券；央行还对外汇、金银买卖进行审核和管理。

央行历任总裁

央行历任总裁

3.1.2　中国银行、交通银行的国有化

3.1.2.1　交通银行

交通银行始建于1908年，开办之初即享有发钞权，同时代理国库，是自创办以来即享有中央银行职能的官商合办银行。

3.1.2.2 中国银行

中国银行前身是大清银行，1912 年 2 月 5 日于上海大清银行旧址设立。

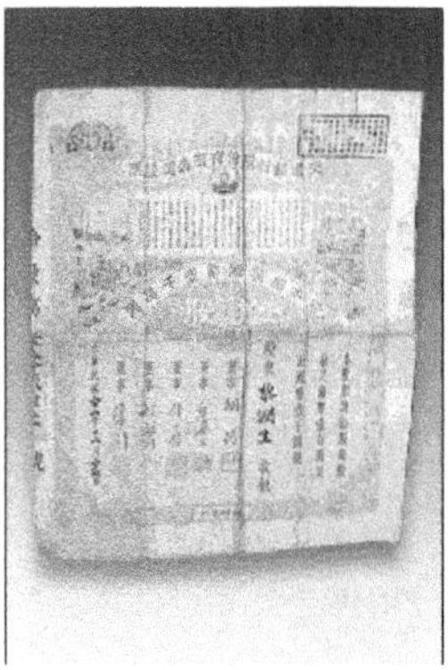

交通银行发行的钞票

中国银行

中国银行、交通银行都是清政府设立的官商合办银行，延及北洋时期，都承担了部分中央银行的职能。但随着民间商股的增加，这两家银行在北洋政府时期逐渐摆脱了国家的控制。

国民政府成立后，训令中国银行改为国际汇兑专业银行，交通银行改为全国实业发展银行。国民政府也逐年加大对这两家银行的官股注入。1935 年，“白银风潮”爆发，为了更能抵御危机，并进一步统一币制，国民政府加大注资力度，使得中国、交通这两家银行基本完成国有化过程。

3.1.3 中国农民银行

中国农民银行成立于 1935 年 6 月 4 日，是民国时期国民政府的四大官僚资本银行之一，其前身是豫鄂皖赣四省农民银行。该行办理农业放款，票据贴现，买卖证券，经营储蓄存款和汇兑，享有兑换券发行权、农业债券发行权和土地债券发行权。1936 年以后，中国农业银行与中国银行、中央银行、交通银行共享法币发行权。

中国农民银行发行的钞票

3.2 币制改革

3.2.1 废两改元

3.2.1.1 背景

国民政府成立时期，中国币制混乱，银两、银圆、纸币并行流通。全国通行货币为银圆，国币“袁大头”占1/3。民间记账依然沿用清朝中叶的旧规，以“规元”为单位。支持“两元并行”的为全国大部分钱庄，因为在两元兑换中，钱庄有利可图。但币制改革不容等待。

3.2.1.2 废两改元

1933年4月，财政部明令“废两改元”，确定银圆为唯一本位币，全国任何商业、金融交易只能用银圆记账，并规定了一枚银圆折合七钱一分五厘规元的换算率。至此，银两在全国范围内被正式废除，经历千余年的银两制度从此退出货币制度，不复存在了，中国通货市场紊乱的状态得到了改善。

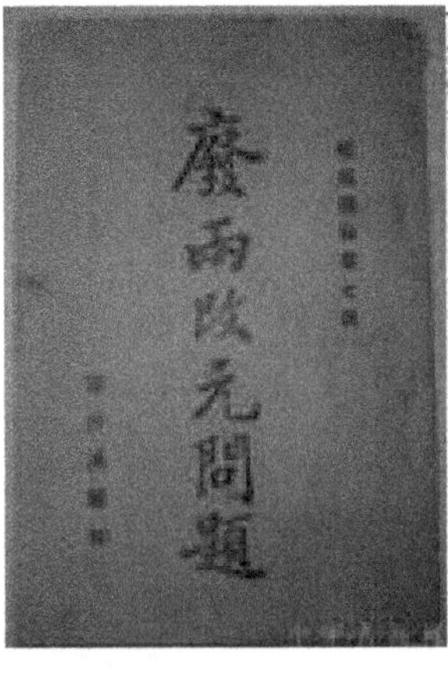

中央日報

臺省改革幣制

今起開始發行新幣

新幣準備金爲黄金八十萬兩

以五比一比率直接聯繫美金

每一新臺幣折合舊幣四萬元

公教待遇將照新幣合理調整

废两改元

3.2.2 白银风潮

1934年美国为缓解大萧条带来的通货紧缩而实行《购银法案》，向全世界收购白银，白银价格因此猛涨，中国的白银大量外流。中国实行银本位制，白银外流导致支付不足而产生银根紧缩，物价大幅下跌。受影响最严重的是津沪地产市场，房地产价格的急剧下跌使原本以房产抵押为主业的银行、钱庄饱受冲击。一年之间，上海有二成的民营银行和钱庄破产。

白银风潮肇因

3.2.3 法币改革

美国《购银法案》使得中国白银大量外流，国内经济形势严峻。1935 年 11 月，中央银行总裁孔祥熙被特任行政院副院长兼财政部长，临危受命，实施法币改革，发行国家信用法定货币，禁止白银流通，回笼白银出售给美国。

法币发行后，物价普遍回升，刺激了工农业复苏。美国财政部档案显示，1935—1941 年，中国政府共向美国出售了五亿五千万盎司白银，换回了二亿五千万美元的外汇，用于抗战时军火的采购和支付。

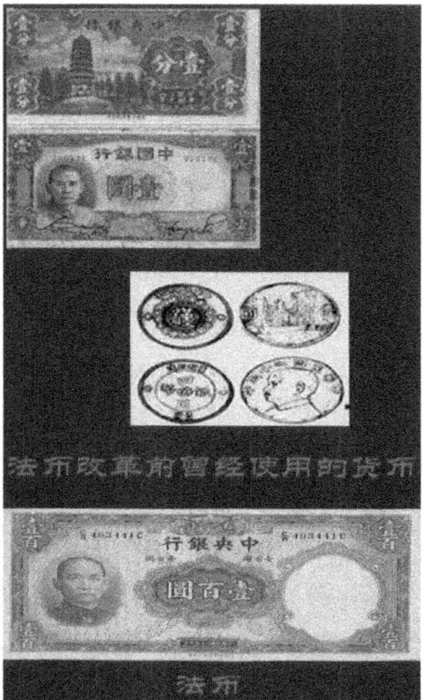

法币改革

4　抗战时期中国的金融危局（1937—1945）

4.1　逆势而上的财政积累

1938 年至 1945 年，在财政上孔祥熙是抗日战争的赢家。他以财政带动行政，负责经济战略。1938 年，中国政府国库金银外汇储备总额为三亿八千万美元；而到 1945 年 7 月抗战胜利前夕他辞去所有职务之时，则上升至十二亿美元。

孔祥熙

4.2　弱国的生财之道

太平洋战争爆发后，美军进入中国，在四川、云南等地修建多个机场。采购生活物资和支付修建机场的劳工报酬需以法币支付，美军用美元在黑市直接兑换法币，致使法币黑市价格大跌。孔祥熙及时阻止这种行为，先行以法币垫付生活物资的采购和劳工报酬，后以美元向美国政府结账。

1944年7月，孔祥熙赴美参加国际货币基金会议，要求美国偿还六亿美元的欠款，经两方商议，美国同意欠款部分支付现款，部分以战争剩余物资抵债。孔祥熙为中国讨回二亿二千万美元的现款，对已被八年抗战基本拖垮的中国财政而言，无疑是一剂强心针。

4.3 苏州籍金融家贝祖诒

身为中央银行理事的贝祖诒，是中国银行的高层管理者和中国外汇管理的顶级人物，因与宋子文有莫逆之交，亦成为国家金融政策的制定者和执行者。国民政府废除银本位制，改革货币管理制度，发行全新的纸币——法币，贝祖诒自始至终参与其中。

贝祖诒

4.4 宋子文的金融政策

4.4.1 宋子文的金融政策

宋子文

1946年3月，宋子文担任行政院长，贝祖诒顺而履新中央银行总裁。此时，因抗战导致的经济大量失血远未复原，而通货膨胀愈演愈烈。贝祖诒参与拟订并全力执行稳定币值政策：开放外汇市场的同时全面实行黄金配售，意图释放央行库存的美元和黄金，换回民众对于国家纸币的信心，终因外汇枯竭引发黄金风潮。

4.4.2　黄金风潮

1946 年春末，内战战火从东北向关内蔓延。军费开支庞大，恶性通货膨胀严重，黄金价格不断飙升。1947 年 2 月 8 日，黄金价格一日五涨，最后收盘价每两突破 55 万元，10 日更疯涨至 96 万元，而全国大城市中上海的金价最低，各地人群涌入上海疯狂抢购黄金。

黄金风潮

此时中央银行的第一要务并非是向国内抛售黄金以稳定币值，而应是终止外汇、黄金的市场交易，对经济进行“总动员”式的统制管理。政策失误，宋、贝黯然下台。

4.5　金融崩溃的“罪魁祸首”

1946 年年底到 1947 年年初，因为抛售政策，国库外汇损失三亿五千万美元，黄金损失达三百五十万两，占一年前库存的四成之多。蒋介石曾为此公开批评宋子文。

4.6 挽救之道

4.6.1 金圆券

为应对金融崩溃的局面，1948 年 8 月 19 日，南京国民政府实行“改革币制”，发行金圆券，发行总限额为二十亿元，以法币三百万元折合金圆券一元。同时规定取消金银外汇的自由交易，由政府统一收购。两月间，从民间回收了金银外汇折合美元近二亿元，为推行内战注入了金融支持，但也饮鸩止渴，为其后的金融总崩溃铺平了道路。

金圆券

4.6.2 逻辑混乱的金融对策

国民党政府训令，1948 年 9 月 30 日为金圆券收兑民间金银外汇的截止日期，到期却又宣布延期一月，暗指纸币发行准备金不足。由此引发市场信心崩溃，百姓抢购物资，富商豪门尽力囤积居奇，经济和金融的力量冲破了南京政府的金融管制和限价政策，财政部长王云五引咎辞职。

市场信心崩溃

1948 年 11 月底，重新开放金银外汇自由交易，引起市民抢购。一周之内，仅上海一地就流出黄金二十万两。开放金银存兑一月间，由中央银行流向民间的黄金高达五十万两之多。

4.6.3　金圆券的破产

限价政策失败，金圆券发行量不断冲向新高，恶性通货膨胀不可避免。仅在 1949 年上半年的时间里，金圆券多发行了约 130 万亿，几近废纸。有鉴于此，当时水电费均以美元来计算单价，而民间交易改用银圆。

1949 年 1 月，由于金融、军事、政治的多重失败，蒋介石黯然下野。2 月，代总统李宗仁颁行《财政金融改革案》，

金圆券的破产

宣布完全开放外汇金银的自由交易，承认民间银圆交易的合法，并明令一切军费开支均统一用银圆结算。事实上宣告金圆券的彻底破产，而此时的国民党政府也已经岌岌可危。

李宗仁和蒋介石

第二部分　共产党革命金融的来龙去脉

中国共产党自 1921 年成立后，以实现社会主义和共产主义为奋斗目标，为了建立新中国进行了艰苦卓绝的斗争。中国共产党在领导工人运动的同时，农民运动也搞得轰轰烈烈。土地革命时期，广东、湖北、江西、福建、河南等地的农民协会成为当时乡村唯一的权力机关，带领着农民开展政治斗争和经济斗争。其中，成立农民协会的根本目的就是要改变中国农民多年来遭受军阀、豪绅、地主、买办的剥削和压迫的社会状况，使广大的农民能够主宰自己的命运，能够摆脱挣扎在贫困交加困境之中的悲惨境地。

1　农民运动和统一战线中的金融政策

1.1　农民运动

农民运动是指 1921 年至 1927 年时期，中国共产党成立后，以土地革命为契机，在有条件的地方开始发动农民投身革命，提出团结全体农民向封建剥削制度进行斗争，铲除贪官污吏，打倒土豪劣绅，建立民主政权和农民武装；反对地主肆意加租、易佃剥削农民；创办农校，农民子弟免费入学；动员农民造林，山林收益按劳分配；成立仲裁部，为农民主持公道等一系列斗争。

农民运动对农民具有极大的吸引力，在运动中提出的口号是：减租减息，废除苛捐杂税，解决民食问题；反对土豪劣绅、贪官污吏，从根本上扫除封建余孽，建设民主制度；实行乡村自治，建设自治机构，取得教育、财政、文化等方面的权利；没收区乡公地财产交给农民协会管理；禁止高利贷，以政府的力量组织农民银行调剂金融，禁止奸商和地主操纵民食。

这一系列的主张，使饱受欺凌的中国农民看到了希望，找到了可以改变命运的解放道路。

农民运动

1.2 中国共产党在农民运动中的金融政策

（1）建立农民银行：在1925年的《中国共产党告全国农民书》中，明确提出了“由各乡村自治机关用地方公款办理乡村农民无息借贷局”的要求。

（2）发行货币：为了禁止军票和滥发纸币，提倡用农民自己组织的金融机构发行的货币进行商品交易和纳税。

（3）实行低利借贷：1927年毛泽东等人在《对农民宣言》中提出：“各省要把设立农民银行列为专条，并规定以年利5%的贷款给予农民，以解决农民资本缺乏问题”，此主张成为当时农民运动中金融问题的行动准则。

（4）把没收土豪劣绅的财产作为开办农民银行的抵押财产。1927年毛泽东在湖南提出“要成立地方银行，没收地主的金银财宝，存入地方银行”，将设立农民银行作为重要的经济工作内容。要求把省公有之地，包括官产、营产、荒芜田地等拨作农民银行基金。

（5）银行和信用社办理储蓄、发放贷款，要帮助农民解决经济困难。

1.3 农民协会的金融革命实践

1921年共产党员沈玄庐在浙江萧山衙前村建立中国的第一个农民协会；

1922年彭湃领导广东海陆丰农民运动，明确提出要开办农民银行；

1924 年农会建立萧山衙前信用合作社（中国共产党第一家金融机构）；

1922 年至 1927 年间，全国各地建立了多家革命金融机构。

1927 年毛泽东在湖南提出“要成立地方银行，没收地主的金银财宝，存入地方银行”，将设立农民银行作为重要的经济工作内容。

南昌起义

农民协会会员证

农民运动期间各地农民协会或地方政权所建立的有代表性的金融机构

序号	金融机构名称	设立及停业时间	组建机构	资本金来源	发行货币的名称、种类及数量	主要业务及业务范围	首任行长或负责人	经营特色
1	衙前村信用合作社	1924年 1927年	浙江萧山衙前村农民协会	农户每户存1元；没收祠堂财产；浙江大学劳农学院借款500元	无	提供无息贷款：解决农民生产，特困户的口粮、修屋	主任：金汝涛	因资本金来源是无息的，因此贷款也无息提供。贷款每次3—5元
2	柴山洲特别区第一、第二农民银行	1926年 1927年	湖南省柴山洲特别区农民协会	向地主富绅派捐、罚款、筹款等途径，总资本5 800元；第二银行筹款1 000元	发行以白竹布制作的面额为1元的票币5 800元	向农民发放生产、生活贷款为主	经理：第一银行为文海南，第二银行为肖雨成	贷款对象：雇农、佃农、小商人、小业主
3	浏东平民银行	1926年 1927年	中共浏阳县委	以浏阳东部六个区各认股1 000股，共6 000股	发行两种货币：临时兑换券，常洋五角信用券，常洋贰角	发行货币，稳定金融市场；发放贷款，抵制高利贷，支持生产发展	主任：李明轩、汤佑贤	用浏东六区公有财产150 000万元作为信用保证金

续表

序号	金融机构名称	设立及停业时间	组建机构	资本金来源	发行货币的名称、种类及数量	主要业务及业务范围	首任行长或负责人	经营特色
4	金刚镇公有财产保管处	1927 年 2 月至 7 月	浏阳县金刚镇农民协会	以金刚镇所有的学产、祠堂、寺庙、桥会、路会等公有财产由保管处接收，一次作为发行期票的信用保证	发行期票代替现金流通，期限三个月，面额一角、贰角、一元三种	使用期票收购农民手中的鞭炮爆竹，销售后兑现		为支持当地农民制作和销售传统工业品：鞭炮
5	黄冈农民协会信用合作社	1927 年 3 月至 7 月	湖北黄冈农民协会	从没收的财产中拨付 6 万元作为资本金	一串文流通券（一串等于 1 000 文）	主要便于农民的借贷和储蓄		类似的合作社，在湖北麻城、广济、鄂城、汉川、咸宁等地都有
6	醴陵县农工银行	1927 年 7 月至 8 月	醴陵县农民协会	公产中筹集 6 万元	用毛边纸印刷的一角、贰角、五角三种		主任：唐伯先	

2　土地革命与打击高利贷

2.1　农村中的高利贷

中国农民长期生活在封建统治体制下，受尽盘剥，社会上没有任何金融机构会为贫苦农民提供金融支持。当他们的生活和生产陷入困顿时，只能靠借用高利贷渡过难关。当时中国的高利贷种类很多，基本分为货币借贷和实物借贷两种形式。

江西地区高利贷的种类：大加三、对本利、月子利、出门利、滚滚利。

湖南地区高利贷的种类：大加一、孤老钱、九出十归一、九出十归外加三。

四川地区高利贷的种类：筋斗利、月百钱、先追利。

民国时期农村“驴打滚”复利计息办法　（单位：元）

时期	第1月	第2月	第3月	第4月	第5月	第6月	第7月	第8月	第9月	第10月	第11月	第12月
对本利率	1+1	2+2	4+4	8+8	16+16	32++32	64++64	128+128	256+256	512+512	1 024+1 024	2 048+2 048
本利和	2	4	8	16	32	64	128	256	512	1 024	2 048	4 096

2.2　当时中国农村高利贷情况及形成的危害

高利贷成为当时农村中少数人盘剥多数人的利剑。

实例1：

某农民借放贷者本银1百元，借期一年零两个月。结算时，共归还房屋1处，牛4头，驴3头，骡子1匹，麦6石（每石1 500斤），鸦片烟若干，悉数归还外，尚欠银百余元。

实例2：

甘肃省永登县一农民，在二三月青黄不接时借洋8元，九月收获后归还，不知利息如何计算，到归还时，共还麦子5石，鸦片50两，现洋30元，牛两头，仍欠现洋80元。

这样的实例数不胜数。高利贷虽然可以解决农民暂时的生活困难，但是极端高利的沉重盘剥，使广大农民进入了“贫困—借贷—更贫困”的恶性循环中。

2.3 建立革命根据地

在1927年4月12日，蒋介石发动政变，使大革命从高潮走向失败。中国共产党通过总结大革命失败的教训，确定了实行土地革命和武装反抗国民党反动派的总方针，组织发动了秋收起义、广州起义和其他各地的起义，在井冈山等地建立了第一批农村革命根据地，从此出现了与国民党政权相对峙的苏维埃红色政权。

从“八七会议”开始，中国共产党从建立小块农村革命根据地开始，逐渐形成了连片的革命根据地。主要有：中央革命根据地（井冈山）、湘鄂西、海陆丰、鄂豫皖、琼崖、闽浙赣、湘鄂赣、湘赣、左右江、川陕、湘鄂川黔等根据地。

2.4　革命根据地的金融

革命根据地一经建立，就受到国民党政权频繁的军事“围剿”和严密的经济封锁，军民日用必需品的缺乏和现金的短缺成了极大的问题。

与此同时，旧中国广大农村的金融业务几乎是空白，广大农民需要生产和生活资金时，只能靠借高利贷和典当物品来获得周转资金，这使得高利贷资本十分猖獗。与高利贷做斗争就成为红色政权刻不容缓的紧迫任务。

革命的目的就是要使广大农民真心实意地拥护红色政权，通过动员更多的群众参加革命，去掉压在农民身上沉重的地租和债务，反对高利贷、减租减息成为当时最直白的口号和最有力的动员令。

2.5　革命根据地金融机构创建的两个阶段

第一阶段：1927 年至 1932 年。1931 年中华苏维埃严禁私人银行和钱庄在革命根据地营业。在全国共有 8 个革命根据地建立了金融机构并同时发行了 96 种货币（详细情况见下页表），广泛开展金融业务活动，活跃的金融业务对促进生产发展、改善根据地军民的生活水平发挥了积极有益的作用。

第二阶段：1933 年至 1937 年。随着第五次反围剿的失败，革命进入低潮，已经建立的革命根据地陆续丧失，革命形势严峻，到 1934 年，大部分革命根据地的银行被迫中止业务活动，停止了货币发行和流通。随后，中央红军被迫开始长征。

土地革命初期(1927年至1932年)革命根据地所建立的金融机构

序号	金融机构名称	设立及停业时间	所在的根据地	资本金来源及数量	发行货币的名称、种类及数量	流通时间和范围	主要业务	经营特色
1	蛟洋区农民银行	1927年12月至1928年6月	闽西上杭县	砍伐路边杉木筹集的2 000元			为农民提供借贷业务	
2	耒阳县苏维埃政府经济处	1928年2月至4月	湖南省耒阳县		耒阳县苏维埃政府劳动券	在本县范围内使用	用劳动券的形式实现按需分配	与光洋同价,可随时兑换
3	海陆丰劳动银行	1928年1月至2月	广东海丰、陆丰县	每一位工农捐一角钱	劳动银行的银票2万元	尚未发行即遭停业		为了便于农产品输出、工业品流入而发行银票
4	湘赣边界红军造币厂	1928年5月至1929年1月	湘赣边界苏维埃政府	用缴获的白银和打土豪没收的各种银器	井冈山“工”字银圆	在根据地内流通	用自铸银圆解决了根据地日用品缺乏、现金枯竭的问题	根本目的是建立革命根据地自己的金融事业

土地革命发展时期(1933年至1937年)革命根据地建立的金融机构

序号	革命根据地名称	设立的金融机构	所在地	资本金来源及数量	发行货币的名称、种类及数量	成立时间	注明	负责人
1	赣西南革命根据地	东固平民银行及东固银行	东固镇东固街		印制发行了十元、二十元、五十元、一百元四种铜圆票	1929年2月		
2	赣南革命根据地	江西工农银行	富田	100万现金				
3	赣南革命根据地	江西印刷所	吉安					
4	闽西革命根据地	永定县太平区信用合作社	太平区西陂坡乡	3 000元		1929年10月		林清风
5	闽西革命根据地	上杭县北四区信用合作社	上杭县蛟洋乡	2 000元		1929年10月		邹石村
6	闽西革命根据地	永定县第三区信用合作社	湖雷	500元		1929年11月		赖祖烈

续表

序号	革命根据地名称	设立的金融机构	所在地	资本金来源及数量	发行货币的名称、种类及数量	成立时间	注明	负责人
7	闽西革命根据地	永定县第二、九、十、十一区信用合作社						
8	闽西革命根据地	永定县合溪信用合作社						
9	闽西革命根据地	闽西工农银行	龙岩	20万元	1元,2角,1角三种纸币	1930年11月		委员会主任:阮山
10	湘鄂西革命根据地	石首农业银行	洪湖根据地石首县		石首农业银行信用券	1930年2月		
11	湘鄂西革命根据地	鄂西农民银行	石首县		鄂西农民银行信用券	1930年12月		行长:戴补天
12	湘鄂西革命根据地	湘鄂西省农民银行	监利县		发行货币	1931年6月	后并入湘鄂西特区分行	行长:崔琪

续表

序号	革命根据地名称	设立的金融机构	所在地	资本金来源及数量	发行货币的名称、种类及数量	成立时间	注明	负责人
13	鄂西北苏区	鄂北农民银行	房县		发行纸币、铸银币	1931年7月		负责人：胡苏黎
14	湘鄂边苏区	鹤峰苏维埃银行			铜币权券	1931年3月		行长：袁建章
15	鄂豫皖革命根据地	鄂豫皖特区苏维埃银行	黄安县七里坪			1930年10月	后改为鄂豫皖省苏维埃银行	行长：郑位三
16	鄂豫皖革命根据地	皖西北特区苏维埃银行	六安县			1931年5月		行长：吴保才
17	鄂豫皖革命根据地	鄂豫皖省苏维埃（工农）银行			发行纸币、苏维埃银币、铜币	1932年	由鄂豫皖特区苏维埃银行改组	行长：郑义斋
18	闽浙赣革命根据地	赣东北特区贫民银行	弋阳县		银圆票	1930年10月		行长：邵忠，经理：欧阳奂

续表

序号	革命根据地名称	设立的金融机构	所在地	资本金来源及数量	发行货币的名称、种类及数量	成立时间	注明	负责人
19	闽浙赣革命根据地	赣东北省苏维埃银行			发行部分赣东北省苏维埃银行银圆券	1931年11月	由赣东北特区贫民银行改名称而来	行长:张其德
20	闽浙赣革命根据地	闽浙赣省苏维埃银行闽北分行	崇安县		发行纸币,管理金银	1931年8月		行长:徐福元
21	闽浙赣革命根据地	闽浙赣省苏维埃银行			发行银圆券、铜圆券	1932年12月	由赣东北省苏维埃银行改名称而来	
22	湘鄂赣革命根据地	平江县工农银行	平江县			1930年冬		
23	湘鄂赣革命根据地	鄂东农民银行	阳新县		发行纸币称为铜币券,可以兑换铜圆	1930年	同时成立的农民银行有:福丰、龙燕、大凤、湖市通山、通城、大冶、武宁、瑞昌	

续表

序号	革命根据地名称	设立的金融机构	所在地	资本金来源及数量	发行货币的名称、种类及数量	成立时间	注明	负责人
24	湘鄂赣革命根据地	鄂东南工农银行			鄂东南工农银行纸币	1932 年 5 月	上栏各家农民银行全部并入	
25	湘鄂赣革命根据地	浏阳工农兵银行	浏阳县		发行光洋票、银圆票	1931 年	同时在万载、宜春、修水、铜鼓等地均设立机构	
26	湘鄂赣革命根据地	湘鄂赣省工农银行			发行银洋票、铜圆票	1931 年 11 月	上栏各家工农兵银行全部并入。后改称:中华苏维埃共和国国家银行湘鄂赣省分行	
27	湘赣革命根据地	中华苏维埃共和国湘赣省工农银行	永新县	4 万元国库基金,2 万元集资股金	先发行壹角、壹圆银币券;后发行铜币券,五分、壹角、贰角、壹圆银币券	1932 年 1 月	后改称:中华苏维埃共和国国家银行湘赣省分行	

续表

序号	革命根据地名称	设立的金融机构	所在地	资本金来源及数量	发行货币的名称、种类及数量	成立时间	注明	负责人
28	川陕革命根据地	川陕省苏维埃政府工农银行	通江县		发行纸币、布币、银币、铜币且有造币厂	1933年12月	同时在巴中、南江、仪陇、苍溪、阆南、营山、宣汉、达县、城口、万源等地开设分行	行长：郑义斋
29	陕甘革命根据地	陕甘边区农民合作银行	南梁		下设造币厂和兑换处	1934年11月		行长：杨玉亭
30	陕甘革命根据地	陕甘省苏维埃银行	甘泉县			1935年10月	由陕甘边区农民合作银行改名称，后并入中华苏维埃国家银行西北分行	
31	陕甘革命根据地	陕北省（陕甘晋）苏维埃银行			曾发行货币	1935年9月	后并入中华苏维埃国家银行西北分行	行长：艾楚南

续表

序号	革命根据地名称	设立的金融机构	所在地	资本金来源及数量	发行货币的名称、种类及数量	成立时间	注明	负责人
32	陕甘革命根据地	神府特区抗日人民委员会银行			有印刷厂印制并发行货币	1936 年初	1937 年更名为：神府特区苏维埃政府银行	经理：高振业，副经理：王玉亭

在第一阶段中，中国共产党有一系列的文件和决议，对金融工作作出了具体的规定。

1931 年，中华苏维埃临时中央政府颁布了《借贷暂行条例》，是共产党政权的第一份关于借贷的相关规定（附：借贷暂行条例原文）。

3　中华苏维埃共和国国家银行和中央造币厂

3.1　中华苏维埃共和国政权的诞生

1931 年 11 月 7 日，在江西省南部中央革命根据地诞生了第一个全国性的革命政权：中华苏维埃共和国临时中央政府。

这是毛泽东、朱德等革命家广泛发动群众，开展武装斗争，实行土地革命，建立红色政权，在连续三次取得反围剿战争的胜利后，不断扩大根据地后所形成的。这个政权以瑞金为中心，共拥有 21 座县城，5 万平方公里土地，人口约 250 万。

3.2　苏维埃政权的金融政策

为了使革命斗争更顺利地开展，中国共产党根据当时的政治、军事、经济形势，对当时的金融工作提出的政策主要有：

取消和废止一切高利贷，取缔当铺，为发展生产可适当实行低利借贷；

成立国家银行及其分支机构，支持公营事业、合作社、手工业者、小商人发展经济，为穷苦群众谋利益；

发行苏维埃货币，对已经发行的旧货币加强管理，开展货币兑换业务；

实行统一的货币制度和货币政策；

对私人银行和私人钱庄由苏维埃派代表进行监督，禁止其发行货币及从事其他非法活动，将帝国主义、官僚资本主义银行收归国有。

3.3　中华苏维埃共和国国家银行的诞生

3.3.1　国家银行的诞生

为了进一步支持革命战争，发展苏区经济，在各革命根据地已经普遍建立银行的基础上，通过建立国家银行来贯彻执行统一的货币金融政策，制定规范的规章制度，有效地开展金融业务成为重要的工作。

毛泽民、曹菊如、黄亚光

1931 年 11 月 27 日，苏维埃中央政府执行委员会第一次会议讨论决定：立即着手筹建国家银行和中央造币厂；任命毛泽民为行长，同时调集曹菊如（主管业务）、黄亚光共同为筹建银行和发行货币作准备。

1932 年 2 月 1 日，中华苏维埃共和国国家银行在瑞金叶坪成立，同年 3 月，正式开始对外营业。

中华苏维埃共和国国家银行基金为 100 万，由国库预算内拨付。

国家银行货币

国家银行造币厂

3.3.2 中华苏维埃银行的 5 位创始人

毛泽民：国家银行行长。出身农民，4 年私塾。工作经历：小学庶务（管理日常经费和伙食），安源煤矿工人俱乐部经济股长，安源路矿工人消费合作社总经理，中共中央（上海）出版发行部经理，《汉口民国日报》总经理，闽粤赣军区经济部长。

曹菊如：国家银行会计科科长。出身店员家庭，小学文化。工作经历：在南洋当店员，闽西工农银行会计科科长。

赖永烈：国家银行业务科科长。工作经历：店员，红军战士，永定县农民银行创始人。

莫均涛：国家银行总务科科长。出身店员，12 岁辍学做童工。工作经历：汉口铸造厂翻砂工，英资银行信件传递员，红军战士。

钱希均：国家银行会计。出身农民，上海平民女校学习。工作经历：中共中央出版部发行科科长、交通员。

3.3.3　国家银行的职能

按照市场需要的原则发行适当数量的纸币；

吸收群众的存款；

发放贷款，促进生产发展；

有计划地调整苏区金融；

领导合作社与投机商人做斗争。

3.4　中华苏维埃共和国国家银行章程

1932 年 7 月，中华苏维埃共和国临时中央政府发布了《中华苏维埃共和国国家银行章程》。该章程共分为资本、业务、组织、决算、纯利分配五部分，是中国共产党人经历了大革命时期和土地革命实践后对金融工作的经验和总结。

3.5　中华苏维埃共和国国家银行办理的具体业务

存款：办理财政性存款和红军部队、机关和公营事业的往来结算款。

储蓄：为普通群众办理储蓄存款。

贷款：支持财政和满足军费的需要，支持苏区生产和合作事业以及贸易往来。

代理国库：内部设立专门机构。

业务培训：为政府培训有关业务人员。

代理公债：受中央政府委托代理发行政府公债。

发行货币：1932 年 7 月 7 日开始，发行了 1 元、5 角、1 角、5 分等面额的纸币。

3.6 中华苏维埃共和国国家银行机构设置

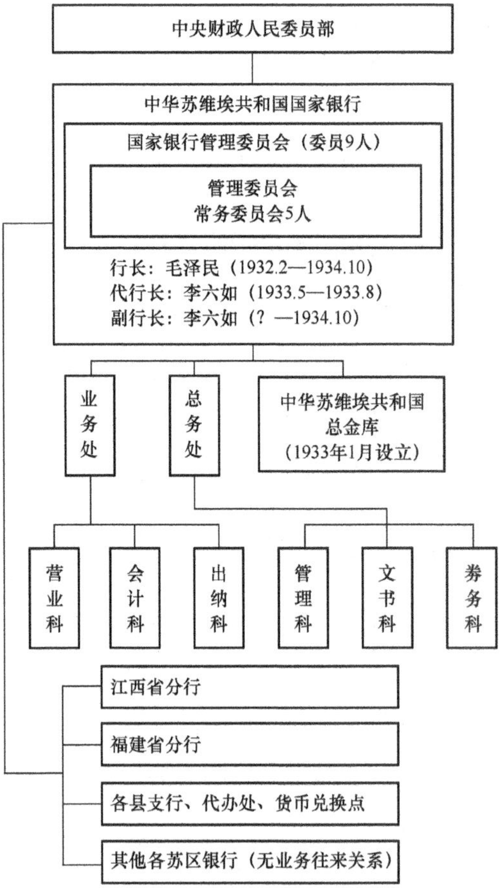

中华苏维埃共和国国家银行的机构设置

3.7　长征路上的中华苏维埃共和国国家银行

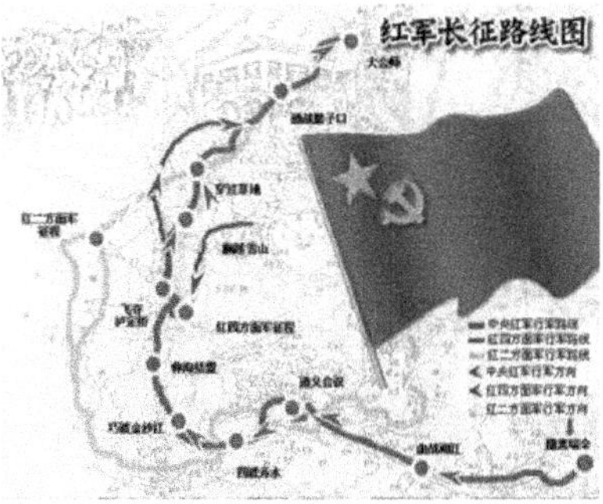

红军长征的路线图

红军长征的纪念物

红军长征的纪念物

红军长征的纪念物

红军长征的纪念物

1934年10月开始，中华苏维埃共和国国家银行随中央革命根据地主力红军进行战略转移，开始了二万五千里长征。被编成中央红军军委直属纵队第十五大队：队长袁福清，政委毛泽民，党支部书记曹菊如。干部14人，一个警卫连，100多名运输员。随行的物资有：现洋（银洋、银毫子、铜板），纸币，油墨纸张，印钞机器等100多担。

长征途中中华苏维埃共和国国家银行的任务主要有两项，一是参加没收征发，通过打土豪没收官僚资本主义资产等途径，为部队筹款；二是负责保管分配工作，负责供应红军的军需，同时每到一个修整的地方，要组织货币的发行和回笼工作。

在艰苦的环境下，中华苏维埃共和国国家银行的工作人员为革命的事业付出了鲜血和生命的代价。长征结束时，14位工作人员牺牲了6位，还有不计其数的保卫人员、运输员、为银行背着化整为零银洋担子的红军战士倒在了长征路上。

3.8 长征胜利后的中华苏维埃共和国国家银行

1935年11月，到达陕北后的国家银行，奉命将名称改为中华苏维埃共和国国家银行西北分行，同时将陕甘晋苏维埃银行并入本行。由林伯渠任行长，曹菊如任副行长。

1935年12月，由于党中央提出了把工农共和国改为人民共和国，银行又将名称改为中华苏维埃人民共和国国家银行西北分行。

1937年2月，为了贯彻抗日民族统一战线的政策，中华苏维埃人民共和国中央政府西北办事处改称为“陕甘宁边区政府”，与此同时，中华苏维埃人民共和国国家银行西北分行的名称改为“陕甘宁边区银行”。

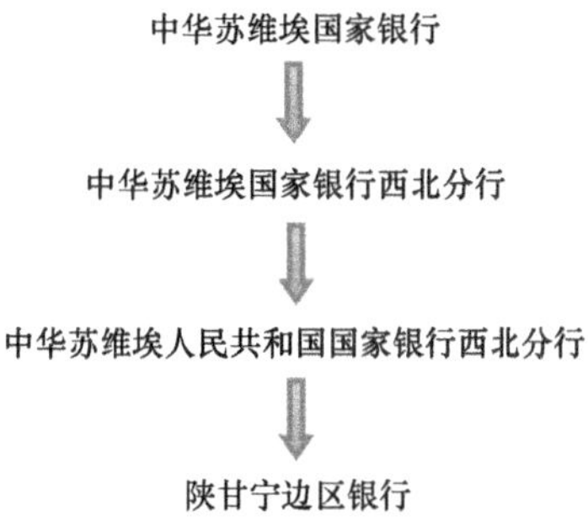

长征后的中华苏维埃国家银行沿革

4　抗日战争时期的革命金融

1937 年 9 月，国民党中央通讯社公开发表了《中共中央公布国共合作宣言》，这标志着中国历史上的第二次国共合作正式开始。

随后，中国共产党宣布《中国共产党抗日救国十大纲领》，阐明了中国共产党在抗日战争时期的基本政治主张和坚持长期抗战的具体道路。

为动员一切力量争取抗战胜利而斗争

（一九三七年八月二十五日）

（一）打倒日本帝国主义

对日绝交，驱逐日本官吏，逮捕日本侦探，没收日本帝国主义在华财产，否认日本外债，废除日本条约。收回日本租界。

为保卫华北与沿海各地而血战到底。

为收复平津与东北而血战到底。

驱逐日本帝国主义出中国。

反对任何的动摇妥协。

（二）全国军事的总动员

动员全国海陆空军实行全国抗战。

反对单纯防御的消极作战方针，采取独立自主的积极作战方针。

建立经常的国防会议，讨论与决定国防计划与作战方针。

武装人民，发展抗日的游击战争，配合主力军作战。

改革军队的政治工作，使指挥员与战斗员团结一致。

军队与人民团结一致，发扬军队的积极性。

援助东北人民革命军东北义勇军，破坏敌人的后方。

实现一切抗战军队的平等待遇。

建立全国各地军区，动员全民族参战，以便从雇佣兵役制转变为义务兵役制。

（三）全国人民的总动员

全国人民除汉奸外，皆有抗日救国的言论、出版、集会、结社及武装抗敌之自由。

废除一切束缚人民爱国运动的旧法令，颁布革命的新法令。

释放一切爱国的革命的政治犯，开放党禁。

全中国人民动员起来武装起来，参加抗战，实行有力出力，有钱出钱，有枪出枪，有知识出知识。

动员蒙民、回民及其他一切少数民族，在民族自决和民族自治的原则下，共同抗日。

（四）改革政治机构

召集真正人民代表的国民大会，通过真正的民主宪法，决定抗日救国方针，选举国防政府。

国防政府必须吸收各党各派及人民团体的革命分子，驱逐亲日分子。

国防政府采取民主集中制，是民主的，但又是集中的。

国防政府执行抗日救国的革命政策。

实行地方自治，铲除贪官污吏，建立廉洁政府。

（五）抗日的外交政策

在不丧失领土主权的范围内，与一切反对日本侵略主义的国家订立反侵略的同盟，签订抗日的军事互助协定。

拥护和平阵线，反对德日意侵略阵线。

联合朝鲜、“台湾”及日本国内的工农人民反对日本帝国主义。

（六）战时的财政经济政策

财政政策以有钱出钱及没收汉奸财产作抗日经费为原则。经济政策是整顿与扩大国防生产，发展农村经济，保证战时农产品的自给。提倡国货，改良土产，禁绝日货，取缔奸商，反对投机操纵。

（七）改良人民生活

改良工人、农民、职员、教员及抗日军人的待遇；优待抗日军人的家属；废除苛捐什税；减租减息；救济失业；调节粮食；赈济灾荒。

（八）抗日的教育政策

改变教育的旧制度旧课程，实行以抗日救国为目标的新制度新课程。

实施普及的义务的免费的教育方案，提高人民民族觉悟的程度。

实行全国学生的武装训练。

（九）肃清汉奸卖国贼亲日派，巩固后方

（十）抗日的民族团结

在国共两党彻底合作的基础上，建立全国各党各派各界各军的抗日民族统一战线，领导抗日战争，精诚团结，共赴国难。

同时，为了贯彻抗日民族统一战线的政策，中华苏维埃人民共和国中央政府西北办事处改称为“陕甘宁边区政府”，由此开始了以陕北为红色抗日根据地的革命新阶段。

中国共产党在各个地区迅速开展游击战争，并先后建立了晋察冀边区、晋鲁豫边区、晋绥边区、山东抗日根据地、华中抗日根据地、华南抗日根据地等多个抗日革命根据地。

在中国共产党的统一领导下，各抗日根据地通过建立人民武装和人民民主抗日政府，统筹自己的军事、政治和经济力量，同时，为适应抗战的需要，也都建立了自己的银行，发行了自己的货币，开展了有关的金融活动。

4.1 陕甘宁边区银行

1937 年陕甘宁边区政府成立时，边区的经济十分落后，基本没有工业，每亩农田年收成不足二斗谷子，除粮食、羊毛外，一切日用品都要靠外来供应。因此，发展经济、保障供给，成为共产党人在抗日战争中的重要工作内容之一。

4.1.1 银行建立背景

陕甘宁边区银行是由原中华苏维埃人民共和国国家银行西北分行改组而来，也是当时整个革命金融中最核心的金融机构。

银行开业时有资本金 10 万元，是原国家银行的金银储备。1941 年边区政府又增拨资本金 120 万元。

4.1.2 行领导

行长：曹菊如。

4.1.3 机构设置

共设置四家分行（绥德分行、三边分行、陇东分行、关中分行）和 18 家支行。另外还有光华印刷厂和分布在各地的光华商店和货币兑换所。

4.1.4 光华商店

光华商店作为陕甘宁边区银行的直属商业部门，总店设在延安，同时在各地开设了 22 处分店。

光华商店的主要业务是：

（1）购入边区所需的物资，保障机关、部队的工作和生活需要；

（2）组织边区土特产出口，换取边区市场所需要的物资；

（3）稳定外汇，平抑物价。

抗战初期，由于国民政府承诺拨付八路军抗战所需军饷，因此，市场上流通的是国民政府发行的法币，但是，由于法币的面额较大，市场上缺少交易过程中经常使用的小额货币，使流通受阻，陕甘宁边区银行以光华商店的名义在 1938 年 6 月开始发行称为“光华商店代价券”的面额为 2 分、5 分、1 角、2 角、5 角的辅币，到 1941 年，发行最大面额的为 7 角 5 分的辅币，基本解决了市场流通辅币缺乏的问题。

光华商店代价券

4.1.5　陕甘宁边区的货币流通

边区早期的流通货币以国民政府的法币为主，辅之以少量光华商店代价券。1941 年 1 月"皖南事变"后，国民政府停发军饷，封锁边区经济。由此，陕甘宁边区政府宣布禁止法币在边区使用，开始使用由陕甘宁边区银行发行的"陕甘宁边区银行券"，简称"边币"。

1944 年 7 月，中共西北财经办事处决定由陕甘宁边区银行发行"陕甘宁边区贸易公司商业流通券"，同时规定以每元商业流通券兑换 20 元边币的比价陆续收回边币。

4.2　抗日根据地银行

除陕甘宁边区银行外，各个抗日根据地都根据地区经济发展的需要建立了金融机构，以服务抗战，服务革命政权。

4.2.1　晋察冀边区银行

成立时间：1938 年 3 月。

银行地点：山西省五台县石咀镇。

发行货币：晋察冀边区银行壹圆券、伍圆券等。

银行的任务：发行货币；代理金库；承募公债；打击伪钞；收兑银洋；开拓边币市场；稳定金融物价；发展边区的农工商合作事业。

机构发展：至 1945 年，共设 3 家分行（阜平分行、河间分行、热河分行），6 个支行，15 个办事处，50 个营业所，36 个兑换所，33 个派出所，1 个代办处。

4.2.2 晋冀鲁豫边区的冀南银行

银行名称：冀南银行。

成立时间：1939 年 10 月。

银行地点：山西省黎城县。

发行货币：冀南银行币（简称冀南票）。

银行的任务：发行货币；代理金库；承募公债；打击伪钞；收兑银洋；开拓边币市场；稳定金融物价；保障抗日政府开支，发展经济。

机构发展：除在各地设立分支机构外，冀南银行下设冀南印钞厂，解决货币印刷问题。

同期的其他金融机构：在晋冀鲁豫边区还曾经先后存在上党银号和鲁西银行。有了冀南银行票后，上党银号所发行的货币和鲁西银行所发行的鲁西银行币逐渐停止使用。

4.2.3 晋绥边区的银行

银行名称：兴县农民银行。

成立时间：1937 年 11 月。

银行地点：晋西北兴县。

发行货币：兴县农民银行币（壹角、贰角、壹圆共计三批 15 万元）。

银行的任务：发行货币；支援军需，稳定抗日根据地人民的经济生活。

机构发展：1940 年 5 月，以兴县农民银行为基础，建立了西北农民银行。

银行名称：西北农民银行。

成立时间：1940 年 5 月。

银行地点：晋西北兴县。

发行货币：西北农民银行币。

银行的任务：发行货币；支援军需，与政府财政处、贸易局三位一体共同来调节市场，增加税收，提供财政开支资金。

机构发展：西北农民银行是由兴县农民银行改组而来的，后又与贸易局合并。

4.2.4　山东抗日根据地的银行

银行名称：北海银行。

成立时间：1938 年 11 月。

银行地点：掖县，后在张格庄。

发行货币：北海银行币。

资本金：军民集股 25 万元。

银行的任务：发行货币；支援军需。

机构发展：在胶东各区县均设有支行或办事处。

4.2.5　华中抗日根据地的银行

银行名称：江淮银行。

成立时间：1941 年 4 月。

银行地点：盐城。

发行货币：江淮银行币。

银行的任务：印制发行江淮银行币；对敌开展货币斗争。

机构发展：苏中分行后称为总行，在各专员公署设立支行，在县设立办事处。

银行名称：盐阜银行。

成立时间：1942 年 4 月。

银行地点：盐阜区。

发行货币：盐阜银行币。

银行的任务：印制发行盐阜银行币；发放农业贷款和工商业贷款。

银行名称：淮海地方银行。

成立时间：1942 年 8 月。

发行货币：淮海地方银行币。

银行的任务：印制发行淮海地方银行币；满足根据地军民抗日斗争的金融需求。

银行名称：淮北地方银号。

成立时间：1942 年 5 月。

资本金：50 万元法币，公股、私股各半。

发行货币：淮北地方银号票。

银行的任务：代理金库，发行货币，开展低利贷款，吸收存款，储蓄，汇兑，外币和硬币的兑换。

银行名称：大江银行。

成立时间：1943 年 6 月。

发行货币：大江币。

银行的任务：印制发行大江银行币；收兑日伪币和法币，代理金库，发放农业贷款和工商业贷款，掌握和调剂市场金融。

银行名称：淮南银行。

成立时间：1942 年 2 月。

发行货币：淮南银行币。

银行的任务：印制发行淮南银行币；代理金库，发放农业贷款和工商业贷款。

银行名称：惠农银行。

成立时间：1942 年 10 月。

银行地点：丹阳县。

发行货币：惠农银行币。

银行的任务：印制发行惠农银行币；代理金库，发放农业贷款和工商业贷款。

银行名称：江南银行。

成立时间：1945 年 4 月。

发行货币：江南银行币。

银行的任务：印制发行江南银行币；发放农业贷款和工商业贷款。

银行名称：浙东银行。

成立时间：1945 年 1 月。

银行地点：余姚县。

发行货币：浙东银行币。

银行的任务：印制发行浙东银行币；经理政府金库收支。

银行名称：豫鄂边区建设银行。

成立时间：1941 年 7 月。

发行货币：豫鄂边区建设银行币。

银行的任务：印制发行豫鄂边区建设银行币；代理金库，发放各种生产性贷款和投资，代理边区的公债的发行和收兑，办理汇兑。

抗日根据地货币

4.3 抗日根据地的货币发行和货币斗争

抗日战争爆发后，许多大银行为了规避风险，都将机构和业务量缩减，只收缩在一些中心城市继续营业。这就导致广大抗日根据地地区金融机构锐减、金融紧缩，货币缺乏，市场萧条，商业停滞。

与此同时，抗战严酷的形势发展导致国民政府统治区、抗日革命根据地、日寇占领区、汪伪政权占领区等同时并存，并各自发行了货币。各种形形色色的杂钞和日伪银行发行的货币，使得市场的货币流通相当混乱。

4.3.1 货币发行

面对极为混乱的货币流通市场，共产党领导的抗日根据地先后建立起自己的银行，也发行了自己的货币，这些货币投放市场后，在与各种敌伪货币开展不同形式的斗争中，建立起了区域性的货币流通体系，对发展边区经济、保障抗战的需要作出了巨大的贡献。

在货币发行的过程中，抗日根据地的货币要经受来自两个方面的考验：一个是自己的币值稳定问题；另一个是与其他根据地所发行货币保持合理的兑换关系问题。

币值稳定问题：由于各个根据地都有自己的货币发行，因此，每一家银行所发行的货币量都比较小，相对应的市场也比较狭小。这对货币发行总量的控制提出了很高的要求，发行数量少，则不能满足局部地区商品流通的必要，发行量大，则很快会形成局部的通货膨胀。

例：边币发行与流通中出现的通货膨胀

1942 年，陕甘宁边区的边币发行量是按照生产和财政需要并结合金融的可能而决定的，很好地支持了农业生产和物资局购存物资的需要和财政开支的资金需要。到了 1943 年的下半年，边区为反内战作准备，极大地加强了战备物资的储备，这样，边币的发行数量比上一年增加了 10 倍多。同期，物价剧烈上涨了 20 多倍。当时为了稳定币值而采取的措施有：暂停边币发行；经费停发 3 个月；积极组织土特产出口；公营商店统一管理和支持边币。到 1944 年 3 月，边币的币值就呈现稳定状态。

4.3.2 抗日根据地的货币斗争

货币斗争之说，是源于货币问题与政治、军事、经济问题交织在一起，成为中国共产党抗战时期重要的斗争内容之一。各抗日根据地灵活采取各种方式，经过将近4年的斗争，逐步结束了货币混乱的状态，出现了边币独占市场的局面。

第一，与敌伪货币的斗争。

日寇侵华时期，敌伪政权在华成立的伪冀东银行、伪蒙疆银行、伪中国联合准备银行大量印发伪钞，其中，伪中国联合准备银行发行的大量的“联银券”，充斥着整个华北市场，“联银券”成为日本帝国主义在华北掠夺资源、进行经济侵略的重要工具。

各抗日根据地的斗争对策是：第一步，以行政打击为主，通过公布“打击”的办法，要求在近敌人区、游击区、基本区列出时间表分别严禁“联银券”流通。在禁止前，分别以不同金额、不同折扣进行流通，禁止期后，采用没收、处罚的办法杜绝“联银券”流通。第二步，除了行政手段外，再加上经济手段，从三个方面入手。首先，把敌伪币作为外汇来管理：设置外汇交易所，所有的外汇买卖均要在交易所内进行，通过调整汇价，掌控货币的总量和流向。其次，实行进出口贸易管理：将出口货物分为奖励、许可、限制、禁止来加以管理，区别对待，并随情况变化来进行调整。最后，就是实行市场管理，在集市上严格监控管理，严禁在交易中使用“联银券”。

第二：与伪“中储券”的斗争。

日本侵略者在1940年成立了伪中央储备银行，并发行了伪“中储券”，主要在长江中下游日伪控制区流通。我们的斗争策略是：第一，政策上严禁使用；第二，对游击区和近敌区，允许小额的伪“中储券”流通，但有时间期限；第三，政府征收一部分伪“中储券”，用于到敌占区购买根据地所需物资。

第三：与杂钞和土票的斗争。

敌伪政权在推出敌伪钞之外，还将大量的省钞、杂钞和各种土票推向边区，套购边区物资，扰乱边区金融，企图撼动边区的经济。

各个边区根据不同的情况，采用了针锋相对的斗争：

- 对各种杂票，采用分清先后，逐步肃清；
- 针对敌伪对抗日根据地钞票采取的封锁措施，我们也针锋相对地采用对他们的钞票禁用、停止流通的对策；
- 对一时难以肃清的伪钞，采取贬值行使逐步排出，例如对河北省银行钞票采用敌区9折、边区7折的方式，使敌钞纷纷流向敌区；
- 对部分可以找到发行人的杂钞，限期自行收回。如发行人逃离，则边区政府贬值兑成边币以照顾群众利益。

4.3.3　法币与边币的联合与斗争

法币是指“中华民国”时期国民政府发行的货币。1935年11月4日，国民政府规定以中央银行、中国银行、交通银行三家银行（后增加中国农民银行）发行的钞票为法币，禁止白银流通，发行国家信用法定货币，取代银本位的银圆。

1948 年 8 月 19 日被金圆券替代。

在抗日战争和解放战争期间，国民党政府采取通货膨胀政策，法币急剧贬值。1937 年抗战前夕，法币发行总额不过 14 亿余元，到日本投降前夕，法币发行额已达 5 000 亿元。到 1947 年 4 月，发行额又增至 16 万亿元以上。1948 年，法币发行额已达到 660 万亿元以上，等于抗日战争前的 47 万倍，物价上涨 3 492 万倍，法币体系彻底崩溃。

在抗日战争初期，国共形成抗日民族统一战线达成的合作协议，共产党所控制的部队统一编入国民革命军，军饷由国民政府统一拨付。当时是以法币作为军事费用按年拨付。该时期，法币作为抗日部队购买军需的重要货币，是在日伪政权统治地区以外的主要流通币种。

共产党与国民党的法币斗争，一共分为两个阶段。

第一阶段：对法币采用联合和维护的政策；

第二阶段：对法币采用限制和禁用的政策。

对法币的斗争，各个根据地采用的斗争策略稍有区别，但是归纳起来，主要有：

在第一阶段，对法币采用的是联合的手段，既不鼓励，也不限制，局部地区允许兑换和流通，逐步缩小法币市场，但是严禁不法商人私自携带大量的法币进入或离开边区。

在第二阶段，在国共合作后期，国共两党摩擦不断，军事冲突加剧后，采用的是禁止法币在边区使用的政策，所有的税收、贷款回收等金融活动都要使用边币或本地红色政权所发行的货币，同时集中边区内的法币向国民党统治区换购物资。

经过几轮调整，在抗日根据地内逐步确立了红色货币的主导地位，币值相对稳定，成为独立自主的货币。

4.3.4　货币斗争的经验总结

抗日战争时期货币斗争的总方针是：

- 保持红色货币币值的相对稳定，以利于稳定物价；
- 货币斗争最终的胜负，取决于政治斗争和军事斗争的最后胜利；
- 认真执行中共中央的经济政策，充分发挥货币对革命斗争的支持作用。

抗日战争时期货币斗争的经验是：

- 建立独立自主的边区货币制度；
- 贯彻“发展经济，保障供给”的财经工作总方针；
- 实行“开源节流”，力争减少财政性货币的发行；
- 通过公营部门掌握重要物资，增强稳定货币的物资力量。

4.4　抗日根据地银行与革命发展的关系

在抗战初期，各家边区银行建立的首要任务是发行货币，开展对敌的货币斗争，之后随着银行业务的不断扩大，各家银行开始陆续办理信贷业务，发挥银行的调剂资金、支持生产的作用。

4.4.1　边区银行对边区经济发展的贡献

根据中央提出的边区经济要自力更生、自给自足的方针，边区银行的放款在不断增加，主要有三类：财政机关单位放款、生产建设放款和商业物资放款。尤其是财政性放款，很好地弥补了财政赤字，解决了经费困难的问题。与此同时，边区银行还吸收存款，发行有奖储蓄券，发放对公营事业的贷款，壮大公营经济实力，信贷支持边区农业发展等。

4.4.2 毛泽东的惠农贷款思想

1942年12月，毛泽东同志在西北高级干部会议上对农业贷款工作提出七项原则：

- 农贷要放给有劳力无耕牛无农具的新老移民、难民和贫农；
- 举办实物贷款，做到钱物结合；
- 农贷要有计划地放在荒地多、需款迫切又能生产获利的县区；
- 改善放款组织；
- 简化贷款手续；
- 棉麦青苗贷款要专款贷放；
- 贷款要不违农时。

这七项原则，成为当时边区银行发放农贷的基本指导精神。

4.4.3 抗日根据地的利率政策

边区银行一贯采取低利政策，不以赢利而以扶持生产为目的。当时，晋察冀边区银行规定，农业贷款最低为四厘，工业为五厘，商业为六厘。陕甘宁边区银行放款利率为一分二厘，最高为一分五厘。

在战时物价上涨的情况下，低利政策实际是政府对得到贷款的贫农的一种补贴，也具有共产党执行阶级路线的性质。

低利政策也带来许多负面影响：一是利率过低妨碍了农村私人正常借贷的开展，使一些人告贷无门，给高利贷者以可乘之机；二是银行农贷逐年赔贴，实际放贷能力不断下降；三是利率过低不利于银行吸收存款，银行存款少而贷款需求大，导致货币发行过多，形成通货膨胀，使物价上涨。从这三点可以看出，低利政策有时并不能完全实现初始设定的调整目标。

5　解放战争时期的革命金融

1945 年 8 月，日本宣布无条件投降，中国的抗日战争取得了全面的胜利。8 月 28 日，毛泽东主席亲赴重庆与国民党谈判，并于 1946 年 1 月签订了《停战协定》。

但是，在《停战协定》签订了 5 个月后，6 月 26 日国民党开始大举围攻中原解放区，由此开始了对解放区的全面进攻，第三次国内革命战争全面爆发。共产党领导着革命队伍，在第一年采取的是战略防御，保卫解放区；第二年转入战略反攻，恢复和扩大了解放区；第三年实行了战略决战，平津、辽沈、淮海三大战役的辉煌胜利，加快了新中国诞生的步伐。

5.1　解放区金融机构的发展

5.1.1　东北解放区各家银行的成立与发展

1945 年党中央命令冀热辽、山东、华中等地的主力部队

10 万人挺进东北，与东北抗日联军会合，建立了东北解放区，并于同年 11 月在沈阳成立了东北银行。

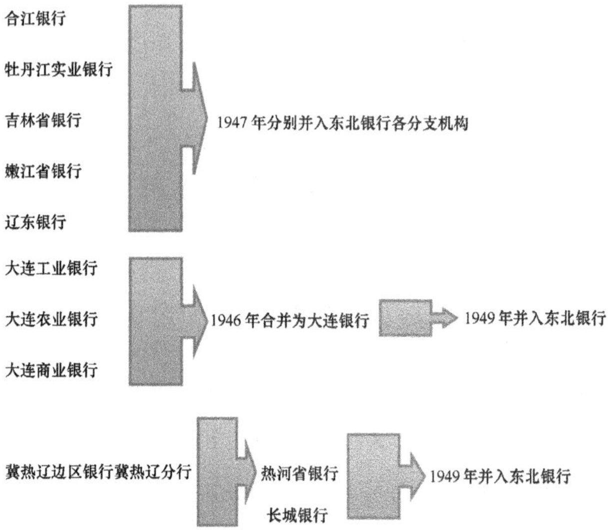

在东北银行成立之前，地方上也有各自的银行，如合江银行、牡丹江实业银行、吉林省银行、嫩江省银行、辽东银行等，于 1947 年分别并入东北银行各分支机构。

大连市政府于 1945 年末成立了大连工业银行、大连农业银行、大连商业银行，于 1946 年合并三行为大连银行并发行关东币。该行于 1949 年并入东北银行。

冀热辽边区当时成立有冀热辽边区银行冀热辽分行，后改称热河省银行，后又成立长城银行，于 1949 年并入东北银行。

5.1.2　1945年华中解放区各家银行的成立与发展

1945年8月，华中银行在江苏盱眙县成立。原解放区的江淮银行、淮南银行、盐阜银行、淮海地方银行、淮北银行、江南银行、浙东银行、大江银行和豫鄂边区建设银行9家银行统一并入华中银行，并统一发行华中币，同时收回原9家银行发行的货币。

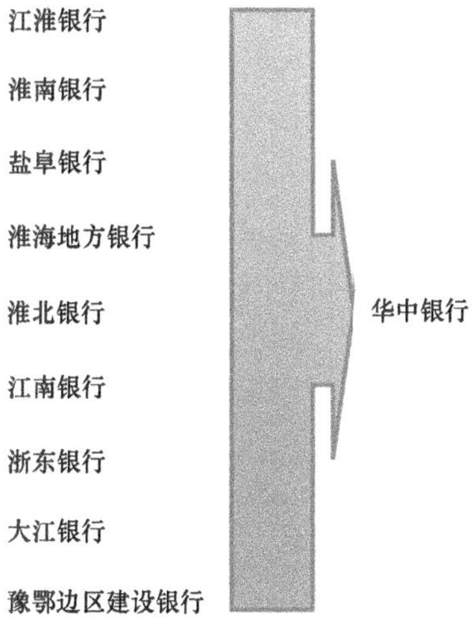

解放战争时期解放区新成立的主要银行概况表

银行名称	成立时间	结束或撤并时间	发行货币名称	银行行址
华中银行	1945年8月	1949年组建为中国人民银行华东区行	华中币	江苏淮阴
东北银行	1945年11月	1951年4月组建为中国人民银行东北区行	东北地方流通券	沈阳—哈尔滨—沈阳

续表

银行名称	成立时间	结束或撤并时间	发行货币名称	银行行址
热河省银行	1946年2月	1946年2月	地方流通券	赤峰
长城银行	1948年2月	1950年	地方流通券	承德
东蒙银行	1946年3月	1947年6月改组为内蒙古银行	暂行流通券	乌兰浩特
内蒙古银行	1947年6月	1948年6月改组为内蒙古人民银行	内蒙古币	乌兰浩特
内蒙古人民银行	1948年6月	1951年4月改组为中国人民银行内蒙古区行	新蒙币	乌兰浩特
中州农民银行	1948年6月	1949年组建为中国人民银行中原区行	中州币	豫西地区—郑州
裕民银行（广东潮汕解放区）	1948年	1949年7月并入南方人民银行	新陆流通券	揭西县大北山
新陆银行（广东东江解放区）	1949年春	1949年7月并入南方人民银行	新陆流通券	陆丰
南方人民银行	1949年7月	1949年年底组建为中国人民银行华南区行	南方币	揭西县河婆
华北银行	1948年5月	1948年12月改组为中国人民银行	沿用冀南币、晋察冀边币	石家庄
中国人民银行	1948年12月1日		人民币	石家庄

5.1.3 其他地区银行的设立

1948年5月，中原军区成立，同步设立了中州农民银行，并发行中州币；

1948年末，潮汕解放区成立裕民银行；

1949年初，东江解放区设立新陆银行；

1949年7月，成立南方人民银行，发行南方人民银行币，同时将裕民银行、新陆银行并入本行。

5.2 中国人民银行的建立

随着解放战争的胜利进行，分散的解放区逐渐连成了片，为了支持解放战争和迎接新中国的诞生，1947年3月，中共中央在武安县冶陶镇召开了华北财经会议，决定开始筹备建立属于共产党政权的中央银行，并成立了银行筹备处。

5.2.1 中国人民银行名称确定

1947年9月，中共华东局工委提出：建议立即成立“联合银行”或“解放银行”，以适应革命政权设立和战争发展的需要。华北财办根据此建议致电中共中央，建议组建中央银行，发行统一货币。中共中央于1947年10月8日复电：目前建立统一的银行是否有点过早，进行准备工作是必要的。至于银行的名称，可以用中国人民银行。新中国国家银行名称由此确定。

5.2.2 中国人民银行正式建立

1948年12月1日，在华北银行、北海银行及西北农民银行合并的基础上，中国人民银行在石家庄宣布成立，并开始发行第一套人民币。

5.2.3 全国货币的统一

1948年12月1日，华北人民政府颁发布告指出：华北银行、北海银行、西北农民银行合并为中国人民银行。于1948年12月1日起，发行中国人民银行钞票（人民币），定为华北、华东、西北三区的本位货币，统一流通。

第一套人民币有62个版本，而且黄、蓝、绿、浅咖啡、藕荷红、栗茶、茄紫、赭石、酱红等颜色、图案各异，这和当时特定的历史时期和条件分不开。中共中央只规定人民币的印刷尺寸、面额，而各地可以自己制版和印刷。

华北人民政府关于成立中国人民银行、发行人民币的布告

華北人民政府佈告

此佈

主　席　董必武
副主席　薄一波　藍公武　楊秀峰

中華民國三十七年十二月一日

第一套人民币的发行布告

由于分散设计、制版、印刷，分地区就近发行，第一套人民币质量参差不齐，有的相当精美，比如东北地区的印钞厂，就使用过从苏联进口的水纹纸，而有的地区却囿于条件简陋、纸张和印刷质量不好，钞票看起来比较粗糙。为了用最快的速度进行钞票的印制、发行，以满足解放战争的需要，采取了许多应急措施，老厂、新厂一齐上，新旧设备一齐用，工艺上采用了石印、凸印、凹印、胶印、凹凸合印、凸胶合印、胶凹套印七种技术，纸张、油墨等主要原料也都是就地取材。

1949年新中国成立后，中国人民银行各地分支机构在用人民币逐步收兑各解放区银行发行的货币的同时，限期收兑国民党政府遗留下来的金圆券、银圆券，禁止以金银计价和金银币流通，禁止外国货币流通，一举统一了全国货币。

5.2.4　快板书推广人民币

诸位同胞和姐妹，听我谈谈人民币。

从前咱们解放区，花的票子种类齐。

……

三个银行合并了，统一发行新货币。

十二月一日开始花，名称就叫人民币。

5.3　农村信用合作社

解放战争时期广大解放区的农村信用合作社是以贫雇农和手工业工人为骨干，团结中农而设立的群众性资金互助组织。

我国广大农村在遭受8年抗战的破坏后，农村的资金枯竭，生产停滞，农村生产和农民生活迫切需要资金支持。开办农村信用合作组织，发动群众合作互助，建立农村中新的借贷关系，发展农业生产，尤显紧迫。在广大的解放区，大量的农村信用合作社应运而生。

比较典型的合作社有：延安南区沟门信用合作社，太行涉县索堡信用合作社。

信用合作社在动员和集中农村游资，解决社员生产和生活困难，抵制高利贷剥削，发展边区生产中发挥了巨大作用。

据1947年末统计，陕甘宁边区和太行、太岳两区当时已经有信用合作社800多个。这是革命政权在自身资金力量单薄时，根据中国当时社会的需要运用金融手段发展经济的创新之举。

5.4 解放区的货币斗争

经历日本侵略后的中国，满目疮痍，经济停滞，生产力受到极大的破坏。与此同时，金融环境混乱，各种名目繁多的钱币充斥着市场，且币值波动，兑换率不稳定。革命政权针对这种情况，与敌伪币、土票、杂币展开了一系列的斗争。

5.4.1 肃清伪联银币、伪蒙币、伪中储币

伪联银币是日本侵略中国时伪政权所发行的货币。在日本宣布投降的前后，伪政权发行大量的伪联银币，以疯狂地掠夺中国的资源（发行量约 1 951 亿元）。

伪蒙币是伪蒙疆银行发行的货币，共 42 亿元。流通在原察哈尔、绥远地区和晋北地区。

伪中储币是汪伪政权的中央储备银行所发行的货币。

解放区对敌伪币采取了行政手段与经济手段相结合的办法，全面开展肃清敌伪币的工作。行政手段就是通过宣布敌伪币为非法货币，严格禁止在解放区继续流通使用，经济手段就是制定较低的兑换率，允许部分持有敌伪币的群众将手中持有的伪联银币兑换成解放区货币以将其挤出，或者将其推向敌占区去购买军民需要的物资。在不到 3 年的时间内，多种手段并用，基本将各种敌伪币彻底肃清。

5.4.2 与法币展开多方面斗争

法币是国民党政权所发行的货币。各解放区在正确的货币政策指导下，对法币开展了多种形式的斗争。

5.4.2.1　与法币展开阵地战

通过用解放区本币与法币争夺流通市场的方法肃清法币。排挤法币，缩小法币的流通范围，扩大解放区本币流通范围，稳定本币币值。根据不同情况分别采用加强稽查、限期兑换、控制市场直至禁止流通的措施。随着解放战争的胜利，国民党政府发行的法币、金圆券、银圆券被迅速彻底地肃清。

5.4.2.2　与法币展开比价战

解放区本币与国民党法币的比价也是解放区与国民党统治区物价和货币购买力的反映。采取的具体策略是：通过全面衡量利弊慎重调整货币的比价，不断提高解放区本币购买力，扩大本币市场，使解放区物价保持稳定；同时结合贸易斗争，对不同的进出口物资征收差别税率以示鼓励或限制，以使群众更愿意持有和使用解放区本币。

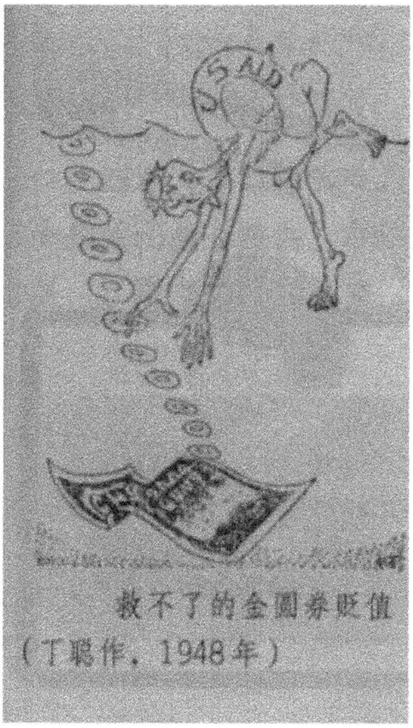

与法币的比价战

链接故事

- 马背银行

几个巴掌大小的账本，一盏当时算是贵重品的防风灯，一个放印章的小铁盒，还有一块像磨刀石一样粗糙的小石头，这些很难让人联想到是银行的“设备”。不过，在抗日战争和解放战争时期，这些就是革命队伍中一家银行的家当。

那时的银行与其说是个金融机构，还不如说是个战斗组织，是“马背上的银行”，随时可能转移。工作人员都配备着武器。那时没有金库，也没有保险柜，钞票及金银都放在麻袋里。如遇敌情就把钱放到车上马上转移。

由于四块玻璃灯罩能拆下来放到铁盒里，所以易于拆装的防风灯在当时发挥了很大的作用——夜里发生了收支状况，行长能随时点亮灯记到小账本上。

像磨刀石似的小石头，就是试金石，银行工作人员随身带着，遇到合适的情况就收兑黄金，试金石就是用来查验黄金的成色的。

● 最早的防伪标志

1932 年成立的中华苏维埃共和国国家银行是新中国最早的银行，毛泽民是第一任行长。经过土地革命、抗日战争、解放战争时期各根据地、解放区银行，一直到 1948 年 12 月 1 日在华北银行、北海银行及西北农民银行的基础上成立中国人民银行，一条红色金融的脉络绵延不断。

抗战时期，边区各地流通的货币十分混乱，除国民党政府发行的“法币”外，还有一些地方性银行、商号发行了五花八门的钞票或流通券。这些杂乱的货币，信用极低。同时，根据地边界地带还流通日伪发行的货币。特别是日本侵略者发行伪钞，根本没有商品实物的依托，打开机器就印，然后再用伪钞收兑百姓手里的黄金，掠夺根据地物资和人民财富。

日本侵略者还大量仿印根据地钞票，有的精美程度甚至超过真钞。因此，根据地的货币反假斗争一直就没有停止过。为此，根据地银行工作人员设计了暗迹，通过钞票上的斑斑点点形成图案，防止假钞进入根据地，也算是新中国钞票上最早的防伪标志了。

第三部分　中国人民银行的历史与现状

（从南汉宸到周小川的65年）

1　中国人民银行的历史沿革（1948—2014）

中国人民银行成立至今，无论是“前30年”大一统的国家银行体制，还是“后30年”现代中央银行制度完善，一直发挥着促进经济良好运行的作用。这期间，中国人民银行在体制、职能、地位、作用等方面，都发生了巨大变革。

1.1　中国人民银行的创建（1948—1952）

中国人民银行在内战的炮火中孕育而生，先于新中国成立。新中国成立初期，百废待兴。在国民经济恢复时期，中国人民银行建立了独立、统一、稳定的货币制度和金融机构体系，全面改造旧金融业，治理通货膨胀。

1.1.1　中国人民银行创建背景

1.1.1.1　中华苏维埃共和国国家银行

中华苏维埃共和国国家银行1932年2月1日创立于江西省瑞金市叶坪，隶属中华苏维埃共和国临时中央政府财政人民委员会，资本由国库于预算中拨给。办理抵押、贷款、存款、票据买卖贴现、汇兑、发行货币、代理国家金库，发行革命公债及经济建设公债，壮大了中央苏区的经济。首任行长毛泽民。下设分行、支行、兑换处等，初步建立了统一的苏区金融组织体系。

中华苏维埃共和国国家银行

中华苏维埃共和国国家银行纸币

1935 年 10 月，它随中央红军到达陕北，同年 11 月根据中共中央指示，将名称改为“中华苏维埃共和国国家银行西北分行”，行址初设在瓦窑堡；1936 年 7 月，随中共中央迁至保安；1937年1月，再迁至延安。1937年7月，抗日战争爆发，同年10月中华苏维埃共和国国家银行西北分行改名为“陕甘宁边区银行”，总行设在延安。至此，中华苏维埃共和国国家银行在名义上完成了自己的历史使命。

新中国诞生前夕，各根据地建立了相对独立、分散管理的根据地银行，并各自发行了在本根据地内流通的货币。

1.1.1.2 西北农民银行

1940年2月，晋绥边区行署以兴县农民银行为基础，建立西北农民银行，发行西北农民银行货币，进行货币斗争，支持生产发展，保障战争供给。

西北农民银行纸币

1.1.1.3 北海银行

1938年8月，北海银行设立于山东掖县（今莱州市）。该行所发行的纸币在抗日战争时期是山东革命根据地的主币，在解放战争时期成为山东解放区乃至华北、华中解放区的本位币。

1.1.1.4 华北银行

1948年4月，冀南银行总行与晋察冀边区银行总行在石家庄合并为华北银行，总经理南汉宸。南汉宸负责管理华北

北海银行发行的纸币

解放区银行和筹建中国人民银行。华北银行成立后，没有发行自己的货币，而是着手统一各解放区货币和设计、印制新中国货币——人民币。

华北银行的支票存根

1.1.2 中国人民银行创建

1.1.2.1 中国人民银行筹备——华北财经会议

1946 年底，中国北方的解放区逐渐连成一片，各解放区的军民交往、物资交流日益频繁，成立解放区统一的银行和发行能在各解放区流通的货币迫在眉睫。1947 年 7 月，中共中央召开华北财经会议，决定成立华北财经办事处，负责筹建中央财政及全国性银行。南汉宸任筹备处主任，董必武提议行名定为中国人民银行。

中国人民银行筹备会议

1.1.2.2　中国人民银行建立

1948 年 12 月 1 日，以华北银行为基础，合并北海银行、西北农民银行，在石家庄市中华北大街 55 号（原中华北街

中国人民银行原址及人民日报报道

11 号）的一栋灰色两层小楼内，中国人民银行成立，1949 年 2 月总行迁往北京。

1.1.2.3　第一套人民币诞生

1948 年 12 月 1 日，中国人民银行成立，时任华北人民政府主席董必武发布命令开始发行统一的人民币，并用柳体字题写了票面上的“中国人民银行”六字。同时规定，所有公私款项收付及一切交易均以人民币为本位货币，人民币作为新中国唯一法定本位币在市场上流通。

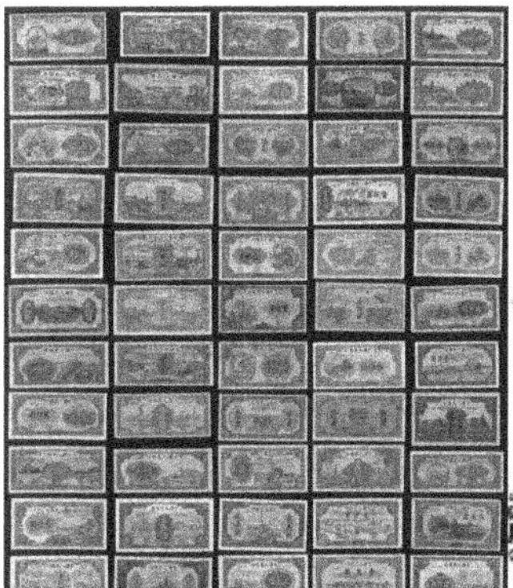

第一套人民币和早期人民币印钞机

1.1.2.4　中国人民银行职能确立

1949 年 9 月，中国人民政治协商会议通过《中华人民共和国中央人民政府组织法》，把中国人民银行纳入政务院的直属单位系列，正式赋予其国家银行职能，承担发行国家货币、经理国家金库、管理国家金融、稳定金融市场、支持经济恢复和国家重建的任务。

1.1.2.5 独立、统一的货币体系建立

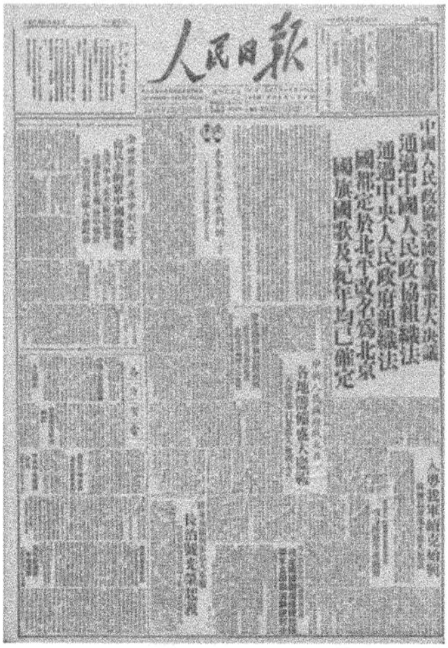
人民日報

中國人民政協全體會議重大決議
通過中國人民政協組織法
通過中央人民政府組織法
國都定於北平改名為北京
國旗國歌及紀年均已確定

中国人民银行职能确立的报道

中国人民银行建立之前，各根据地一直实行“统一领导，分散发行”的货币政策。第一套人民币（新币）发行之初，各解放区还流通着冀南币（包括鲁西币）、晋察冀边币、北海币和西农币等“旧币”。1949 年新中国成立后，中国人民银行采取逐渐收回旧币的措施，逐步以新币取代旧币。南汉宸亲自组织工作人员编快板，推广新币。对国民党政府遗留的金圆券，则明令禁止其流通，并采取限期兑换的办法，逐步建立人民币唯一法定货币的货币体系。

第一套人民币的推广宣传：报纸

快板书：“诸位同胞和姐妹，听我谈谈人民币。从前咱们解放区，花的票子种类齐。……”

1.1.2.6　统一汇率

第一套人民币发行后，由于历史原因，发行时未规定其金平价。人民币对西方国家货币的汇率于 1949 年 1 月 18 日率先在天津产生，全国各地区以天津口岸的汇率为标准，根据当地具体情况，公布各自的人民币汇率。1950 年全国财经工作会议以后，于同年 7 月 8 日开始实行全国统一的人民币汇率，由中国人民银行公布。

全国财经工作会议

1.1.2.7　新金融秩序建立

中国人民银行先后改组各解放区银行为其所属机构，形成国家银行体系，并逐步接管官僚资本银行，整顿私营金融业，建立新金融秩序。接管官僚资本银行和建立中国人民银行分支机构同时进行。

1.1.2.8　实施金融管制

这一时期，中国人民银行进行游资疏导，打击金银外币黑市，取消在华外商银行特权，禁止外国货币流通，统一管理外汇的同时打击投机商人哄抬物价。联合公安部门对地下

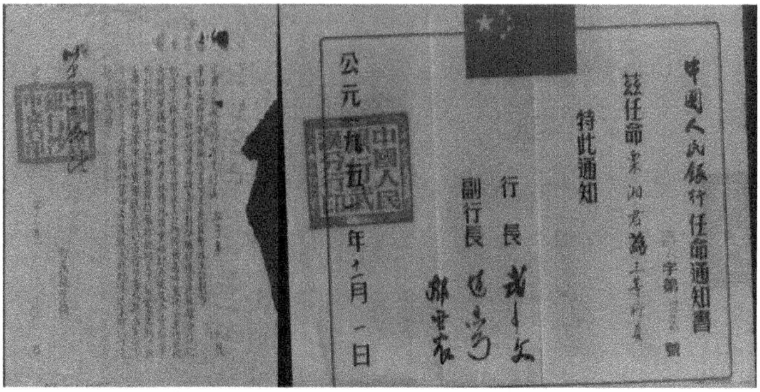

新金融秩序建立

钱庄给予严厉打击。据央行统计，上海、广州等地查获地下钱庄和摊档近 700 家。

1.1.2.9 支持经济建设

新中国成立初期的主要经济工作是对工商业进行改造，确立国营经济的领导地位。央行的信贷和利率政策主要是积

支持经济建设

极配合、支持工商业的调整和改造。对需要由国营商业取代或应予淘汰的私营批发商，银行则收回贷款。为配合土地改革，央行利用遍布农村区镇的营业所开办农业贷款，在全国农村试办信用合作社。

1.2　计划经济体制时期的国家银行（1953—1977）

从“一五”时期到 1978 年，中国处于计划经济时期，与此相配套的是“大一统”的银行体制。中国人民银行是唯一的银行机构，既办理工商信贷和居民储蓄业务，又肩负金融管理职能。

1.2.1　统一银行体系

1.2.1.1　三大改造

1953—1957 年，中国政府在全国范围内对农业、手工业和工商业进行社会主义改造，以实现公有制，其中工商业改造是重点。

三大改造图片

1.2.1.2　公私合营银行

在没收官僚资本银行的基础上联合各根据地的银行，成立了各级人民银行机构，并通过对私营银行以联营、公私合营等形式的改造，组成了全国统一的公私合营银行。

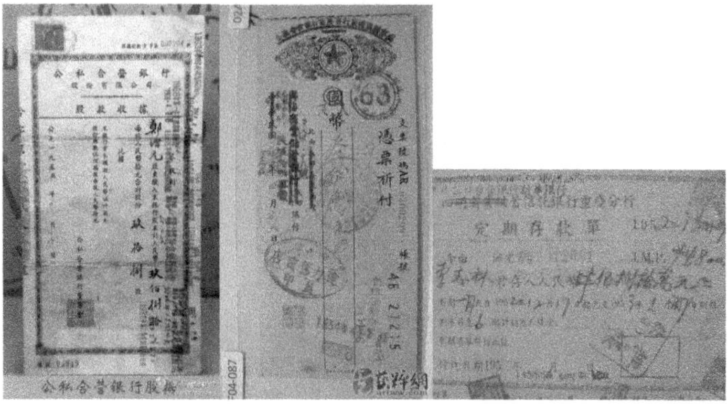

公私合营银行股票、支票，信用社存单

1.2.1.3 统一银行体系

1953 年开始建立集中统一的综合信贷计划管理体制，即全国的信贷资金，不论是资金来源还是资金运用，都由中国

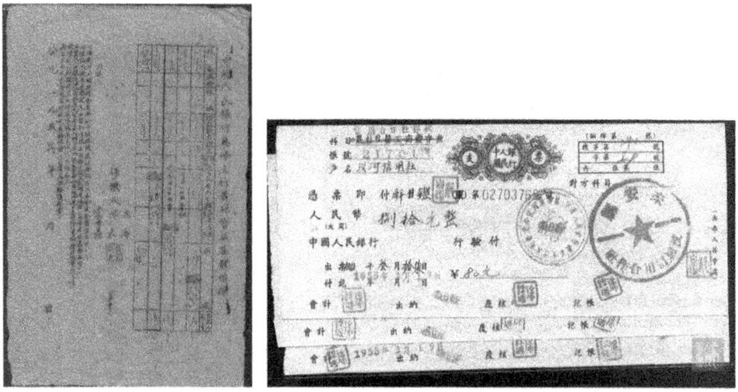

统一银行体系

人民银行总行统一掌握，实行“统存统贷”的管理办法，央行在经济管理中担负着保证经济计划实现及组织调节现金流通的功能。1955 年，公私合营银行的业务并入中国人民银行，至此，中国建成了高度集中统一的银行体系。

1.2.2　“大跃进”时期的信贷失控

“大跃进”时期，银行信贷基本原则和管理制度都被当作生产发展的“绊脚石”而加以废除，从而导致新中国成立以来最严重的一次国民经济比例失调和货币信贷失控。在财政赤字大增的同时，银行各项贷款出现狂飙式增长。1960 年年末市场现金流通量比 1957 年增长了 81.6%。

“大跃进”时期的信贷失控

1.2.2.1　调控信贷

1962 年 3 月 10 日，中共中央、国务院出台《关于切实加强银行工作的集中统一、严格控制货币发行的决定》，要求“把货币发行权真正集中于中央，把国家的票子管紧，而且在一个时期内，要比 1950 年统一财经时管得更严、更紧”。各地人民银行在工商信贷工作中除管紧关、停、并、转企业的贷款，帮助企业清理拖欠债务外，还对企业经济活动加强监督检查，发现违反政策、违反计划、违反制度则根据不同情节实行信贷制裁。

调控信贷

1.2.3 “文化大革命”的曲折

1966年5月至1976年10月，毛泽东发动并领导了一场极“左”路线的政治运动。受此影响，商品和货币的作用被否定，银行的管理体制受到前所未有的冲击，金融业务停滞萎缩，金融管理分散混乱，银行与财政机构合并，中国人民银行一度成为财政部门的会计和出纳，按照国家计划配给相应的配套资金，未能真正履行央行的职责。

文革存单、成立革命委员会通知书

1.3　中国人民银行体制的改革和创新（1978—2002）

1.3.1　央行制度初步建立（1978—1992）

1978 年 12 月的十一届三中全会揭开了经济体制改革的序幕。1979 年 10 月，邓小平提出“要把银行办成真正的银行”，由此开始了有计划、有步骤地进行金融体制改革的新时期。

央行制度初步建立

1.3.1.1　中央银行制度确立

1983 年 9 月 17 日，国务院发布《关于中国人民银行专门行使中央银行职能的决定》，规定中国人民银行专门行使中央银行职能，不再办理工商信贷和储蓄业务。1984 年 1 月 1 日，工商银行成立，中国人民银行此前所承担的储蓄和工商信贷等商业银行业务划归工行，中国人民银行开始专门行使中央银行职能，基本上实现了“政企分开”，初步确定了中央银行制度的基本框架。

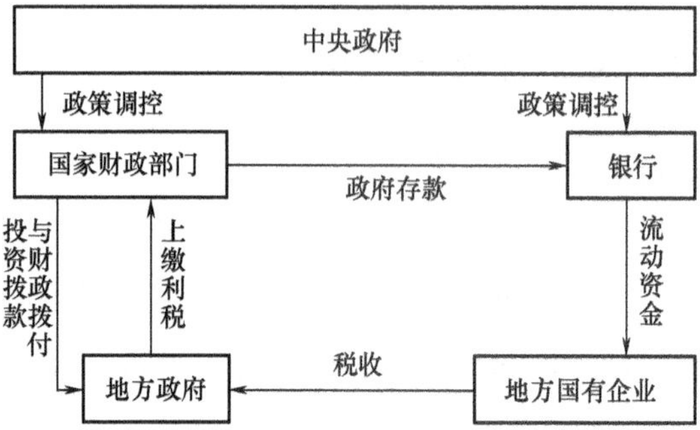

计划体制下财政主导型金融体系的融资过程

1983 年工商银行成立照片

人民银行分支行的业务实行垂直领导，设立中国人民银行理事会，作为协调决策机构；建立存款准备金制度和中央银行对专业银行的贷款制度。自此人民银行集中力量研究和实施全国金融的宏观决策，加强信贷总量的控制和金融机构的资金调节，以保持货币稳定。

1.3.1.2　剥离商业银行业务

发展多元化的银行和非银行金融机构，四大国有银行的格局开始形成，各类型的商业银行开始出现，信托投资公司、

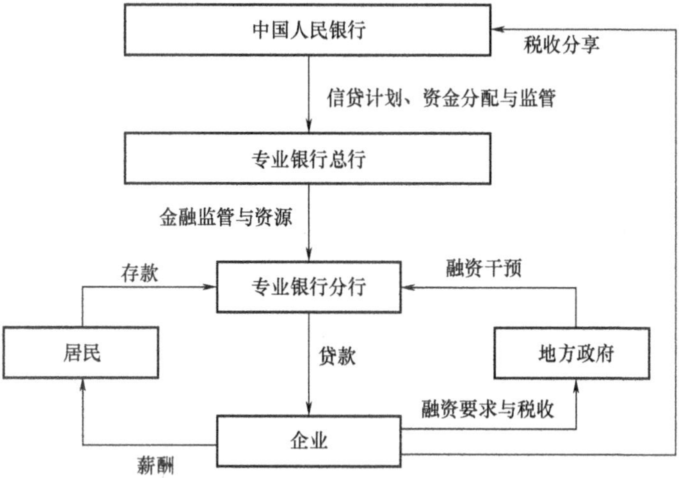

改革时期银行体系

城市信用合作机构、保险公司、金融租赁公司等开始运营。

几大银行成立承担商业银行业务表

银　行	产生与发展阶段
中国农业银行	1979 年 2 月恢复；1983 年开始独立行使职权，开展业务活动
中国银行	1979 年 3 月从中国人民银行中分设出来；1983 年独立行使职权，开展业务活动
中国投资银行	1981 年 12 月成立；1998 年并入中国开发银行，部分业务剥离，并由光大银行接收
中国工商银行	1984 年 1 月正式成立
中国建设银行	原名中国人民建设银行，1985 年开始纳入中国人民银行信贷体系（原隶属财政部）
中国交通银行	1986 年 7 月开始重组为股份制商业银行；1987 年 4 月正式营业
招商银行	1987 年 4 月正式营业；1989 年成为我国第一家试办离岸金融业务的试点银行

1.3.1.3 剥离证券监管业务

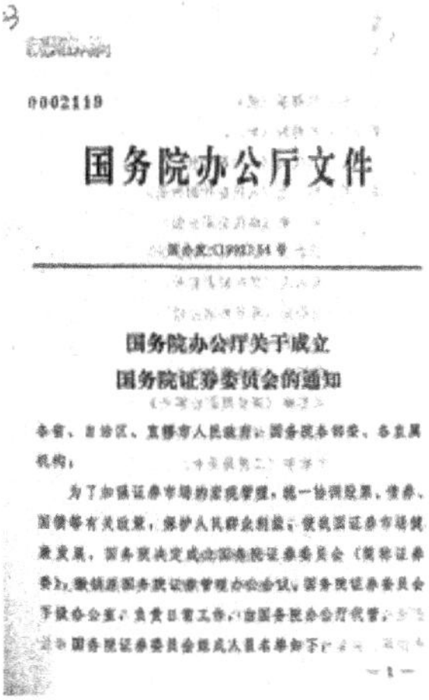

0002119

国务院办公厅文件

国办发〔1992〕54号

国务院办公厅关于成立国务院证券委员会的通知

各省、自治区、直辖市人民政府，国务院各部委、各直属机构：

为了加强证券市场的宏观管理，统一协调股票、债券、国债等有关政策，保护人民群众利益，使我国证券市场健康发展，国务院决定成立国务院证券委员会（简称证券委），撤销原国务院证券管理办公会议。国务院证券委员会下设办公室，负责日常工作，由国务院办公厅代管。国务院证券委员会组成人员名单如下：

—1—

证监会成立批文

1991年上海证券交易所、1992年深圳证券交易所相继成立，金融监管复杂性增加。为维护金融稳定，政府对金融业开始实行分业经营、分业监管。人民银行的货币调控职能加强，而银行外的金融监管职能则由证监会承担。1992年10月，中国人民银行剥离监管证券市场业务，移交给新成立的中国证监会。

1.3.1.4 调控经济

央行在改进计划调控手段的基础上，逐步运用利率、存款准备金率、中央银行贷款等手段来控制信贷和货币的供给。在制止“信贷膨胀”“经济过热”，促进经济结构调整的过程中，初步培育了运用货币政策调节经济的能力。

1.3.2 央行体制逐步完善（1993—2002）

1993年11月，第十四届三中全会提出，中国经济体制向市场经济方向转变。为适应市场经济循序发展的需要，中国新一轮金融体制改革拉开序幕。中国人民银行围绕建立真正意义上的中央银行的目标，相继推出一系列举措，央行的制度逐步走向成熟和完善。

1.3.2.1 《关于金融体制改革的决定》

1993年，按照国务院《关于金融体制改革的决定》，确定人民银行独立执行货币政策的中央银行宏观调控体系。人民银行进一步强化金融调控、金融监管和金融服务职责，划转政策性业务和商业银行业务，逐渐形成货币政策最终目标、中介目标、货币政策工具构成的货币政策框架体系。

1993 年 12 月 15 日，国务院作出《关于金融体制改革的决定》

电视新闻播出关于金融体制改革的决定

1.3.2.2　汇率改革：浮动汇率制

1994 年 1 月 1 日，人民币官方汇率与外汇调剂价格正式并轨，开始实行以市场供求为基础的、单一的、有管理的浮动汇率制。企业和个人按规定向银行买卖外汇，银行进入银行间外汇市场进行交易，形成市场汇率。中央银行设定一定的汇率浮动范围，并通过调控市场保持人民币汇率稳定。

1.3.2.3《中华人民共和国中国人民银行法》

1995 年 3 月 18 日，全国人民代表大会通过《中华人民共和国中国人民银行法》，首次以国家立法形式确立了中国

历史数据： 1950—2013年人民币对美元汇率比价表

1950年以来人民币兑换美元汇率比价

（标价方法：****人民币=1美元）

1949年新中国成立时人民币兑换美元的全年均价约为2.3比1

年份	1950	1951	1952	1953	1954	1955	1956	1957	1958	1959
比价	2.75	2.238	2.227	2.604	2.604	2.604	2.604	2.604	2.604	2.617
年份	1960	1961	1962	1963	1964	1965	1966	1967	1968	1969
比价	2.617	2.4618	2.4618	2.4618	2.4618	2.4618	2.4618	2.4618	2.4618	2.4618
年份	1970	1971	1972	1973	1974	1975	1976	1977	1978	1979
比价	2.4618	2.4618	2.2401	2.2009	2.2006	1.97	1.97	1.84	1.72	1.55
年份	1980	1981	1982	1983	1984	1985	1986	1987	1988	1989
比价	1.49	1.7768	1.9249	1.9573	2.2043	2.9366	3.4528	3.7221	3.7221	3.7651
年份	1990	1991	1992	1993	1994	1995	1996	1997	1998	1999
比价	4.7832	5.3233	5.5146	5.762	8.6187	8.351	8.3142	8.2898	8.2791	8.2783
年份	2000	2001	2002	2003	2004	2005	2006	2007	2008	2009
比价	8.2784	8.277	8.277	8.277	8.2768	8.1917	7.9718	7.604	6.9451	6.831
年份	2010	2011	2012	2013						
比价	6.7695	6.4588	6.3210	6.1932						

注：数据来源于中国人民银行网站，因计算方法不同上表数据可能与其他来源的数据略有差异。

汇率改革

人民银行作为中央银行的地位，是中央银行制度建设的重要里程碑。

中华人民共和国中国人民银行法

1.3.2.4　改革存款准备金制度

新中国成立初期，中国人民银行同时承担商业银行和中央银行的责任，“统存统贷”的制度下，不需要建立存款准备金制度。1983 年 9 月 17 日国务院决定中国人民银行专门行使中央银行职能，中国人民银行依法建立了存款准备金制度。1998 年，中国人民银行取消对商业银行贷款规模的限制，改革存款准备金制度。改革内容包括调整金融机构一般存款范围，将现行各金融机构在中国人民银行的“缴来一般存款”和“备付金存款”两个账户合并，称为“准备金存款”账户；法定存款准备金率从现行的 13% 下调到 8%；准备金存款账户超额部分的总量及分布由各金融机构自行确定。

1984—2004 年存款准备金率

年份	准备金率（%）
1984	20（企业存款） 40（储蓄存款） 25（农村存款）
1985	10
1987	12
1988	13
1998	8
1999	6
2003	6（城乡信用社） 7（其他金融机构）
2004	6（城乡信用社） 7.5（多数金融机构） 8（部分金融机构）

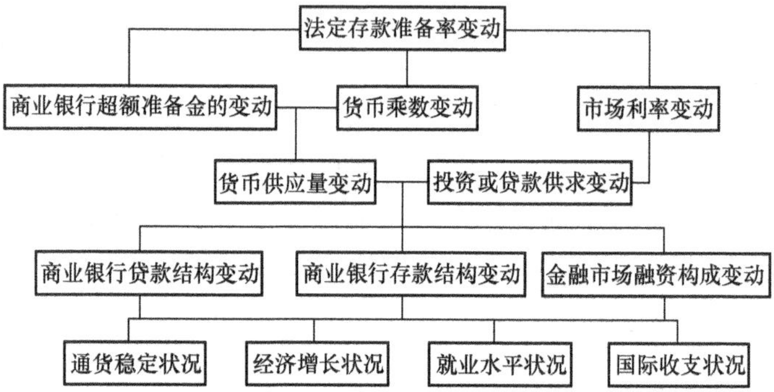

改革存款准备金制度

1.3.2.5 改革管理体制

1998年10月，中国人民银行撤销31个省、自治区、直辖市分行，设立9个跨行政区划的分行，突出中央银行组织体系的垂直领导，强化了中央银行实施货币政策的独立性。

中国人民银行新设立的九个跨省区市分行分别是：天津分行（管辖天津、河北、山西、内蒙古）；沈阳分行（管辖辽宁、吉林、黑龙江）；上海分行（管辖上海、浙江、福建）；南京分行（管辖江苏、安徽）；济南分行（管辖山东、河南）；武汉分行（管辖江西、湖北、湖南）；广州分行（管辖广东、广西、海南）；成都分行（管辖四川、贵州、云南、西藏）；西安分行（管辖陕西、甘肃、青海、宁夏、新疆）。撤销北京分行和重庆分行，由总行营业管理部履行所在地中央银行职责。

1.3.2.6　剥离保险监管业务

剥离保险监管业务

改革开放以来，保险业快速发展，截至 1997 年年底，全国共有中资保险公司 13 家，外资保险机构 9 家。1997 年全国保费收入达 1 080.97 亿元，承保金额达 21. 5 万亿元，保险公司总资产已达 1 646 亿元。1998 年 11 月 18 日，中国保险监督管理委员会（简写为保监会）成立，人民银行正式剥离对保险业务的监管权。

1.4　中国人民银行体制的强化和完善（2003 年至今）

按照十六届三中全会精神，中国人民银行在 2003 年进行职能定位调整后，面对日益复杂多变的国际国内经济形势，继续强化和完善现代中央银行制度，加强金融宏观调控，维护金融体系稳定，提高金融服务水平，并推动金融改革和开放。

1.4.1　银监会成立

2003 年 4 月，中国银行业监督管理委员会（简写为银监会）成立。中国人民银行把对银行业金融机构的监管职能独立出来，并最终形成了“一行三会”的金融监管框架。从此人民银行专职于

银监会

维持金融稳定、执行货币政策及人民币国际化发展方面的工作。

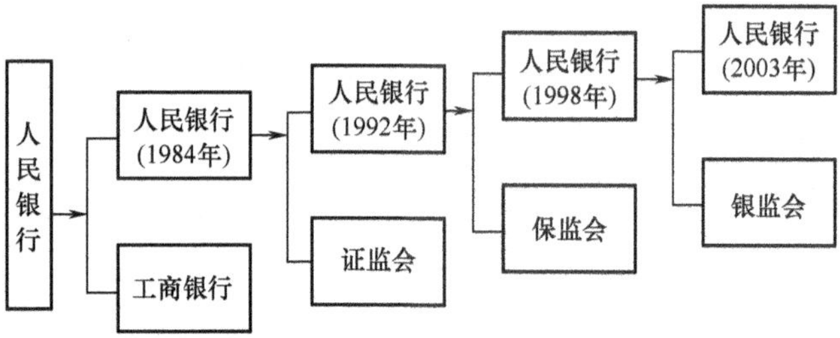

中国人民银行四次分拆结构图

1.4.2《**银行业监督管理法**》

2003年12月，第十届全国人民代表大会常务委员会第六次会议审议通过了《中华人民共和国中国人民银行法（修正案）》和《银行业监督管理法》，从法律上理清了中国人民银行和银监会的职责。

银行业监督管理法

时间	汇率制定	汇率政策目标	汇率决定机制汇率水平
1949—1952	盯住美元	1949.1—1950.3，进出口限入，照顾侨汇；1950.3—1952.12 进出口兼顾，照顾侨汇	汇率以国内外物价为依据确定，高频率调整
1953—1973	盯住美元	维持汇率稳定	除对个别国家货币的法定贬值或升值作出调整外，汇率一般保持固定不变
1973—1980	盯住一揽子货币	维持人民币监制	货币篮子权重按照贸易份额和对外政策的需要确定；汇率基本稳定在各国之间汇率的中间偏上水平
1981—1984	双重汇率体制	鼓励出口，增加储备	内部结算价：以出口换汇成本为基础；官方储价；盯住一揽子货币并且多次调整
1985—1993	事实上，1988年以后是官方汇率与调剂汇率并存的汇率双轨制	维持汇率稳定	严格盯住美元
2005.7.21	管理浮动	保持人民币汇率在合理、均衡水平的基础上稳定，促进国际收支基本平衡，维护宏观经济和金融市场稳定	参考一揽子货币进行调节，有管理的浮动汇率制度

1.4.3　汇率改革

2005 年 7 月 21 日，实施人民币汇率形成机制改革，汇率不再盯住单一美元，实行以市场供求为基础、参考一揽子货币进行调节、有管理的浮动汇率制度。

2　央行的货币政策工具箱

2.1　存款准备金

存款准备金是指金融机构为保证客户提取存款和资金清算需要而准备的资金，金融机构按规定向中央银行缴纳的存款准备金占其存款总额的比例就是存款准备金率。存款准备金制度的初始作用是保证存款的支付和清算，逐渐演变成为货币政策工具。中央银行通过调整存款准备金率，影响金融机构的信贷资金供应能力，从而间接调控货币供应量。美国最早以法律形式规定商业银行向中央银行缴存存款准备金。1984 年，中国人民银行建立存款准备金制度。

2.2　公开市场操作

公开市场操作是中央银行吞吐基础货币，调节市场流动性的主要货币政策工具，通过中央银行与指定交易商进行有价证券和外汇交易，实现货币政策调控目标。中国的公开市场操作包括人民币操作和外汇操作两部分。外汇公开市场操作 1994 年 3 月启动，人民币公开市场操作 1998 年 5 月 26 日恢复交易，规模逐步扩大。

2.3　再贴现

再贴现是商业银行以未到期的合格票据再向中央银行贴

现，是中央银行的三大货币政策工具（公开市场业务、再贴现、存款准备金）之一。对中央银行而言，再贴现是买进票据，让渡资金；对商业银行而言，再贴现是卖出票据，获得资金。中央银行可以通过提高或降低再贴现率来影响金融机构向中央银行借款的成本，从而影响货币供应量和其他经济变量。

2.4 短期流动性调节工具

2013年1月，中国人民银行创设了“短期流动性调节工具”（Short-term Liquidity Operations，SLO），作为公开市场常规操作的必要补充，在银行体系流动性出现临时性波动时相机使用。公开市场短期流动性调节工具以7天期内短期回购为主，采用市场化利率招标方式开展操作。（操作对象为公开市场业务一级交易商中具有系统重要性影响、资产状况良好、政策传导能力强的部分金融机构。）

2.5 中央银行贷款（再贷款）

再贷款是指中央银行为实现货币政策目标而对金融机构发放的贷款，是央行调控基础货币的渠道之一。中央银行通过适时调整再贷款的总量及利率，吞吐基础货币，促进实现货币信贷总量调控目标，合理引导资金流向和信贷投向。

2.6 利率政策

利率表示一定时期内利息量与本金的比率。央行通过对利率水平和利率结构进行调整，影响社会资金供求状况，实现货币政策的既定目标。

中国人民银行采用的利率工具主要有：

（1）调整中央银行基准利率，包括：再贷款利率，再贴现利率，存款准备金利率，超额存款准备金利率。

（2）调整金融机构法定存贷款利率。

（3）制定金融机构存贷款利率的浮动范围。

（4）制定相关政策对各类利率结构和档次进行调整等。

2.7 贷款基础利率集中报价和发布机制

贷款基础利率是商业银行对其最优质客户执行的贷款利率，其他贷款利率可在此基础上加减点生成。它是金融机构对其资金成本、信用风险成本、管理费用、最低资本回报等因素进行综合衡量后，确定的贷款利率水平，可以真实地反映信贷市场的资金价格。

2013 年 10 月 25 日，中国的贷款基础利率集中报价和发布机制（Loan Prime Rate，LPR）正式运行。

2.8 同业存单

同业存单是由银行业存款类金融机构法人在全国银行间市场上发行的记账式定期存款凭证。作为电子化、标准化的货币市场创新产品，与同业拆借形成互补，用于完善同业借贷市场 Shibor 报价的短、中、长期利率曲线。区别于拆借以短期品种为主的特点，同业存单以 3 个月及以上中长期限为主。同业存单的发行利率以市场化方式确定，并在 Shibor 基础上加减点生成。

2.9　常备借贷便利（SLF）

常备借贷便利是中国人民银行正常的流动性供给渠道，主要功能是满足金融机构期限较长的大额流动性需求，提高货币调控效果，有效防范银行体系流动性风险，增强对货币市场利率的调控效力。对象主要为政策性银行和全国性商业银行，期限为 1—3 个月。常备借贷便利以抵押方式发放，合格抵押品包括高信用评级的债券类资产及优质信贷资产等，由中国人民银行于 2013 年年初创设，在银行体系流动性出现临时性波动时相机运用。

货币政策目标和工具演变一览表

序号	货币政策	目　标	时间
1	存款准备金	确保商业银行在遇到突然大量提取银行存款时有相当充足的清偿能力；能够影响金融机构的信贷扩张能力，从而间接调控货币供应量	1984 年
2	公开市场操作	通过向社会公告目标利率的变化幅度，引起公众对未来利率预期的变化，而促使市场自我调整利率水平，调节市场流动性	2003 年 4 月 28 日
3	中央银行贷款（再贷款）	调整再贷款利率，影响商业银行从中央银行取得信贷资金的成本和可使用额度，使货币供应量和市场利率发生变化	

续表

序号	货币政策	目　标	时间
4	再贴现	提高或降低再贴现率，影响金融机构向中央银行借款的成本，从而影响货币供应量和其他经济变量	
5	利率政策	通过对利率水平和利率结构进行调整，影响社会资金供求状况，实现货币政策的既定目标	
6	短期流动性调节工具	作为公开市场常规操作的必要补充，在银行体系流动性出现临时性波动时相机使用。短期流动性调节工具的即时启用，预示着正、逆回购将成为人民银行调节流动性的主流工具，使其在流动性调控上更趋精准	
7	同业存单	作为同业存款的替代品，用于完善同业借贷市场 Shibor 报价的短、中、长期利率曲线	2013 年 8 月
8	常备借贷便利（SLF）	提高货币调控效果，有效防范银行体系流动性风险，增强对货币市场利率的调控效力	
9	贷款基础利率集中报价和发布机制	真实地反映信贷市场的资金价格，同时可以对市场利率定价自律机制，按年对报价行的报价水平进行评估，促进提升贷款基础利率的基准性和公信力	2013 年 10 月 25 日

3　央行在几个重要时期的宏观调控

3.1　1984—1985 年通胀的治理

起因：固定资产投资规模过大引起社会总需求过旺，工资性收入增长超过劳动生产率提高引起成本上升，导致成本推动型通货膨胀，伴随着基建规模、社会消费需求、货币信贷投放急剧扩张，经济出现过热现象，通货膨胀加剧。

表现：1985 年，居民消费价格指数上涨 9.3%。

治理方式：控制固定资产投资规模，加强物价管理和监督检查，全面进行信贷检查等。除了严格固定资产投资管理、严格控制财政预算支出外，更主要的是运用货币信贷政策紧

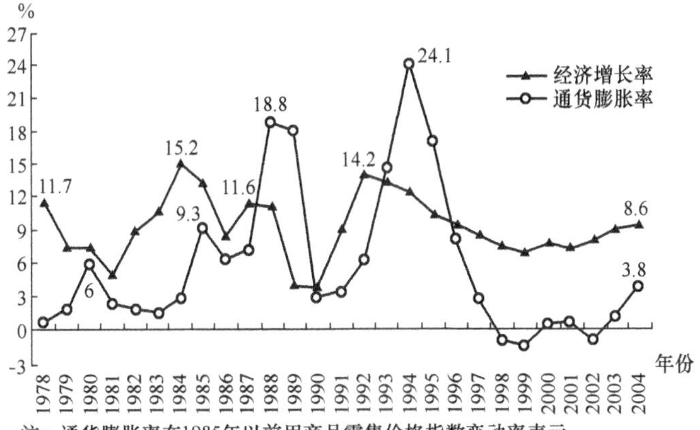

注：通货膨胀率在1985年以前用商品零售价格指数变动率表示，
1985年以后采用居民消费价格指数。

通胀治理

缩银根，减少货币供给，而中央银行制度的建立、信贷管理体制的改革，为治理通货膨胀创造了有利条件。

结果：居民消费价格指数由9.3%回落到1986年的6.5%，国内生产总值增长速度由13.5%回落到1986年的8.8%。

控制固定资产投资规模

3.2 1988—1989年通胀的治理

起因：在1984—1985年中央采取紧缩政策尚未完全见到成效的情况下，1986年又开始全面松动，导致需求量的严重膨胀。

表现：1988年8月，我国出现第一次储蓄存款的净下降，“抢购风”达到了高潮，居民消费价格指数达到18.8%。

治理方式：采取直接调控与间接调控相结合的货币信贷政策，实施严格的货币紧缩政策，重新恢复贷款规模指令性计划，运用法定存款准备金率、存贷款利率工具，开办了特种存款等间接控制工具。

结果：居民消费价格指数由18.8%降至1990年的3.1%，进而维持在1991年3.4%的水平上。

抢购风

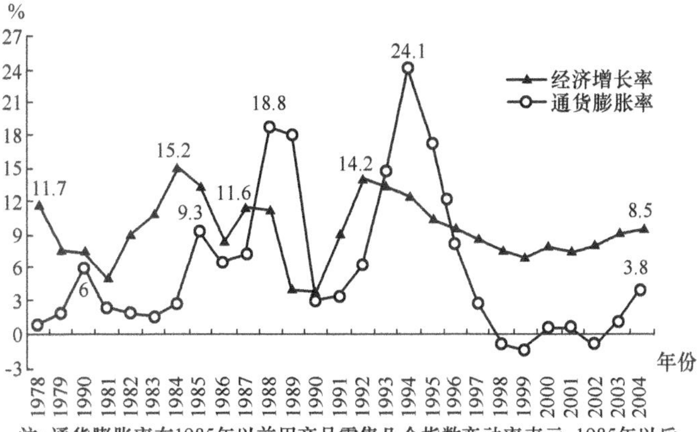

注：通货膨胀率在1985年以前用商品零售几个指数变动率表示，1985年以后采用居民消费价格指数。

通胀治理

3.3　1993—1994 年通胀的治理

起因：邓小平南行讲话后，中国经济进入高速增长的快车道，固定资产投资规模扩张过猛，金融持续混乱。

表现：1993 年，通货膨胀突破了两位数，1994 年居民消费价格指数上升到 24.1%。

投资过猛、宏观调控

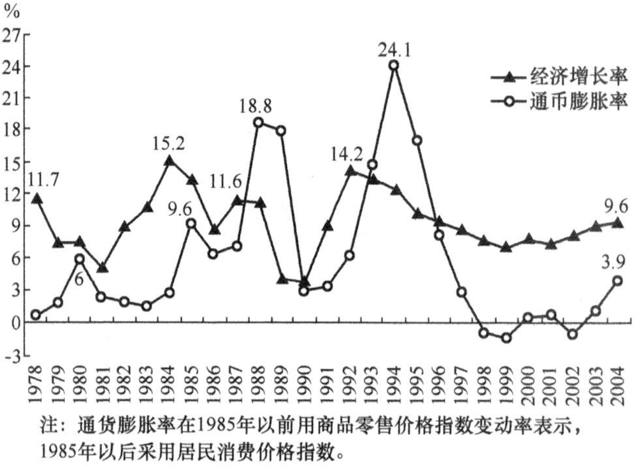

注：通货膨胀率在1985年以前用商品零售价格指数变动率表示，1985年以后采用居民消费价格指数。

通胀治理

治理方式：坚决查处乱拆借、乱集资、乱提高利率等非法行为；在总量从紧的原则下，改进贷款供应，实行保国有企业、保重点建设和保农业的合理资金需要的“三保”政策；两次调高存贷款利率，重新开办保值储蓄，稳定居民心理预期，加快现金回笼。

结果：到1996年年底，适度从紧的货币政策收到明显成效，通货膨胀得到控制，国民经济实现“软着陆”。

3.4　1998年通货紧缩

起因：亚洲金融危机迅速扩大蔓延后世界经济增势减缓，我国出口需求急剧减少；与此同时，国内部分商品因多年来的重复建设严重供大于求。内外因素的综合作用，使物价出现下降，经济增长放缓。

表现：CPI指数大幅下滑，跌至负值。

治理方式：适当增加货币供应量，两次下调法定存款准备金率7个百分点，连续7次降息，存款平均利率累计下调5.73个百分点，贷款平均利率累计下调6.42个百分点。增加对金融机构再贷款，扩大再贴现业务及开展公开市场业务，支持基础设施建设和农村经济发展；通过中央银行的政策法规和“窗口指导”，引导商业银行的贷款投向，提高信贷资金的使用效率；成立金融资产管理公司收购国家银行不良贷款，整顿地方中小金融机构为主要内容的金融稳定工作计划；补充国家银行资本金，提高其资本充足率；督促商业银行完善法人治理结构和信贷管理制度。

结果：2000年年初，经济增长速度下滑的势头得到遏制，2000年、2001年、2002年和2003年GDP分别增长8%，7.5%，8.3%和9.3%。

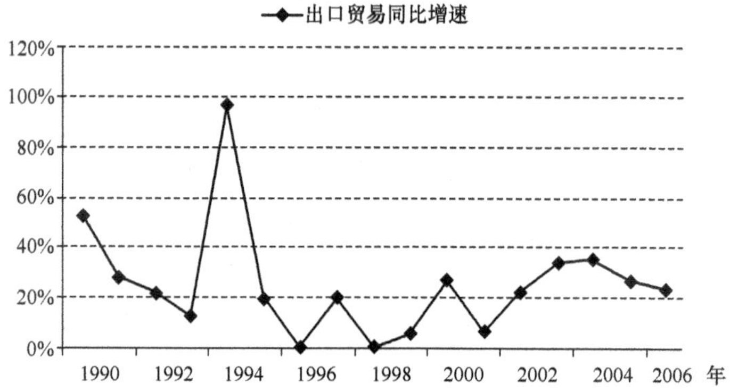

1998年的出口增速下滑明显

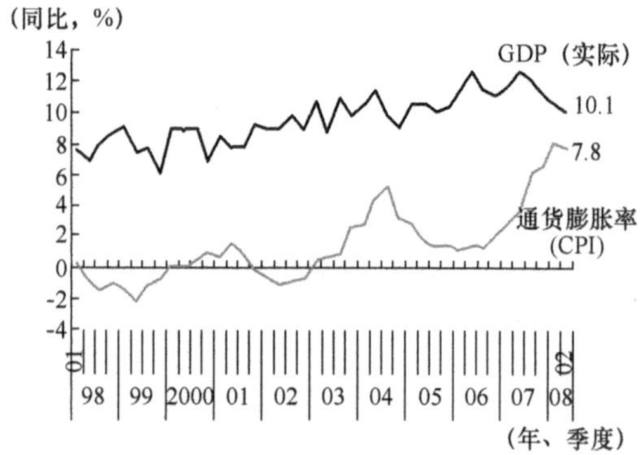

通货紧缩

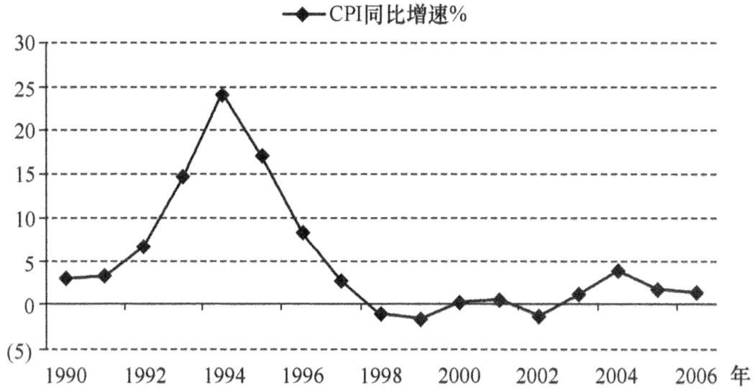

1998 年开始中国进入通货紧缩

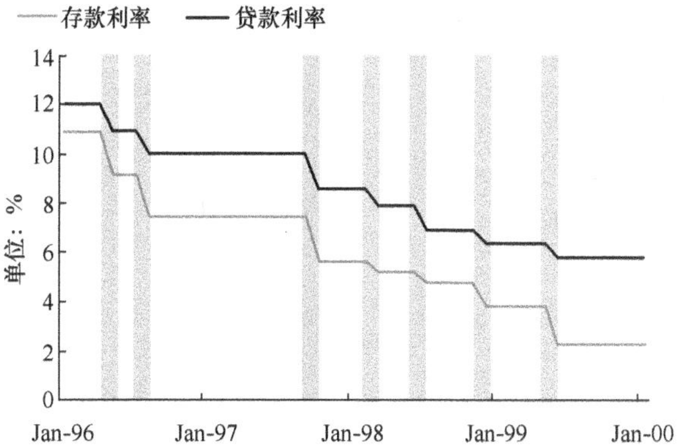

存贷款利率

3.5　2003—2008 年上半年应对通货膨胀压力

起因：2003 年年初，经济增长速度加快，部分行业投资增长过快，能源、运输等“瓶颈”制约。

表现：粮食供求关系趋紧，固定资产投资增长过猛，货币信贷投放过多，煤电油运供求紧张等。居民消费价格指数到2004年超过5%。2007—2008年两年的CPI水平曾达到4.8%，5.9%，是最近十年的最高水平。

治理方式：协调运用公开市场操作、存款准备金等多种工具，加强银行体系流动性对冲，控制货币信贷过快增长；2004年实行差别存款准备金制度，先后15次上调人民币存款准备金率，通过发行中央银行票据净回笼基础货币3.5万亿元；充分发挥利率杠杆的调控作用；先后8次上调一年期存款基准利率，9次上调一年期贷款基准利率；加强窗口指导和政策引导，促进信贷结构优化；增强人民币汇率弹性，促进国际收支平衡；货币政策与其他经济政策协调配合。

结果：2005年，CPI降至1.8%。2008年8月达到最高点，其后逐月下降。

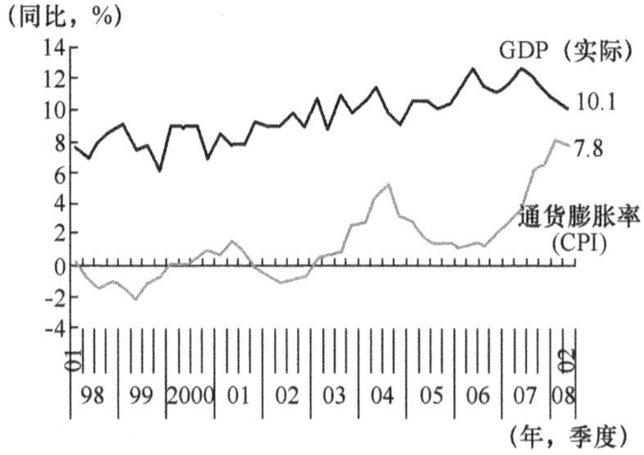

通货膨胀压力

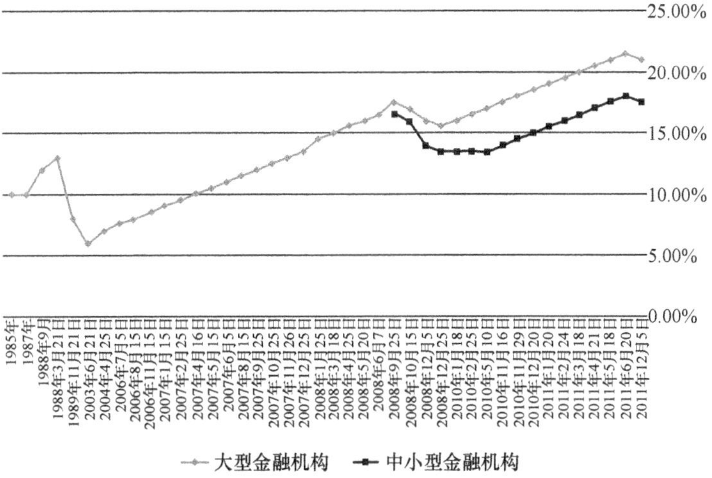
25.00%
20.00%
15.00%
10.00%
5.00%
0.00%
1985年
1987年
1988年9月
1988年3月21日
1989年11月21日
2003年6月21日
2004年4月25日
2006年7月5日
2006年8月15日
2006年11月15日
2007年1月15日
2007年2月25日
2007年4月16日
2007年5月15日
2007年6月5日
2007年8月15日
2007年9月25日
2007年10月25日
2007年11月26日
2007年12月25日
2008年1月25日
2008年3月18日
2008年4月25日
2008年5月20日
2008年6月7日
2008年9月25日
2008年10月15日
2008年12月5日
2008年12月25日
2010年1月18日
2010年2月25日
2010年5月10日
2010年11月16日
2010年11月29日
2010年12月20日
2011年1月20日
2011年2月24日
2011年3月18日
2011年4月21日
2011年5月18日
2011年6月20日
2011年12月5日
大型金融机构
中小型金融机构

1985 年以来存款准备金率历次调整

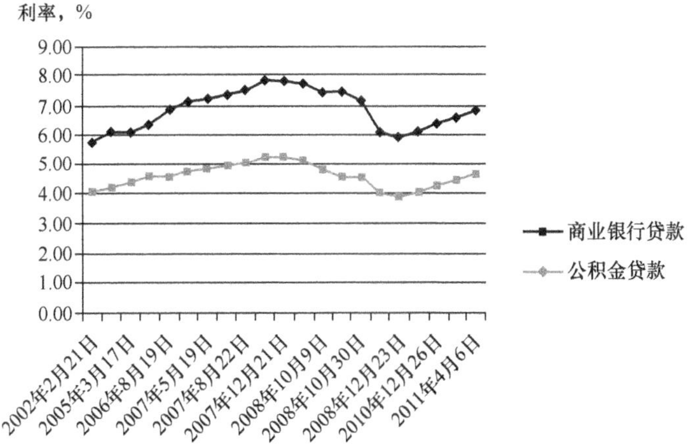
利率，%
9.00
8.00
7.00
6.00
5.00
4.00
3.00
2.00
1.00
0.00
2002年2月21日
2005年3月17日
2006年8月19日
2007年5月19日
2007年8月22日
2007年12月21日
2008年10月9日
2008年10月30日
2008年12月23日
2010年12月26日
2011年4月6日
商业银行贷款
公积金贷款

商贷与公积金贷款历年调整

3.6 2008年下半年以来应对国际金融危机

起因：美国次贷危机蔓延并演变为国际金融危机，进入2008年9月以后，国际金融危机急剧恶化，对中国经济的冲击明显加大。

表现：进出口增速放缓，经济下行态势初显。

反映国际金融危机的漫画

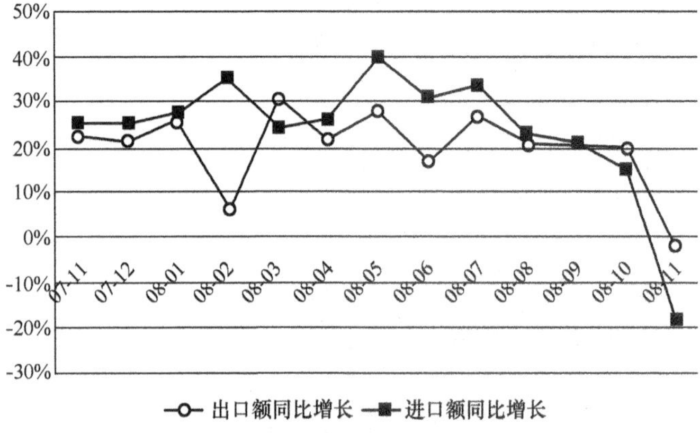

进出口额同比增长比率

治理方式：灵活开展公开市场操作，保持银行体系流动性充足；先后 4 次下调存款准备金率，5 次下调金融机构存贷款基准利率，同时下调中国人民银行对金融机构的存贷款利率和再贷款、再贴现利率。

结果：2008 年中国国内生产总值达 300 670 亿元，年增长 9%。2009 年，继续保持 9% 以上的 GDP 增长。

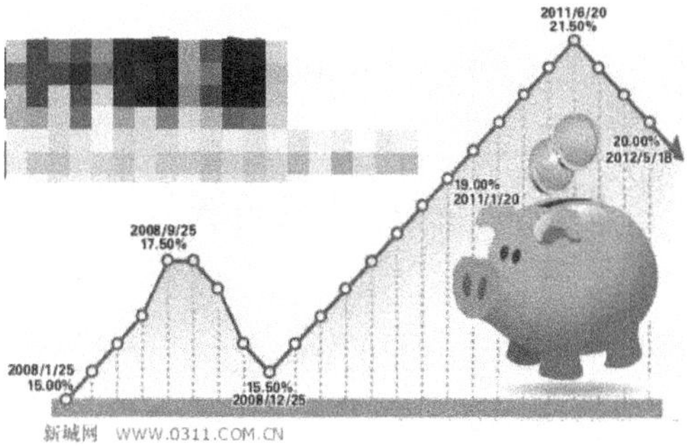

储蓄变化

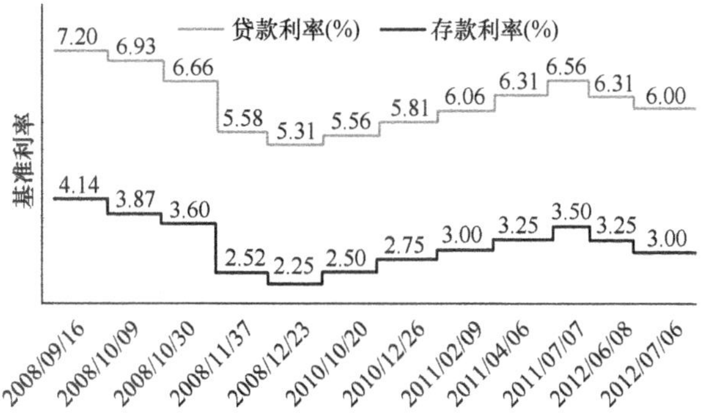

一年期基准利率调整

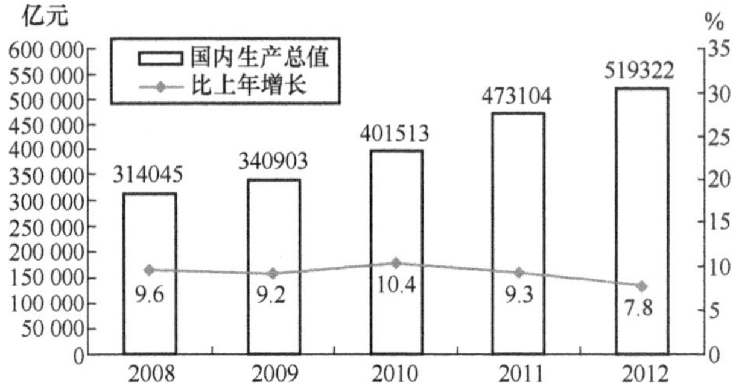

国内生产总值增长趋势

4 央行历任行长

4.1 南汉宸（任期：1949.10—1954.10）

南汉宸（1895—1967），山西赵城人，中国人民银行首任行长，中国人民金融事业的创建人之一。

1947年7月，南汉宸任华北财经办事处副主任、中国人民银行筹备处主任，参与筹建中国人民银行。1948年6月，任华北银行总经理，期间统一华北、西北、华东和东北等解放区的财政、经济和货币，筹备发行第一套人民币。1948年12月，中国人民银行成立，发行第一套人民币，南汉宸任中国人民银行首任总经理。任期内，将各根据地银行统一为人民银行，建立各种专业银行，如农民银行、交通银行、建设银行、农村信用合作社，构建完整金融体系。接收国民党官僚资本的金融事业，接管并加以改造民族资本家的银行、钱庄。1952 年主持贸促会工作，以中国人民银行行长身份，率领 25 人的中国代表团出席了莫斯科国际经济会议，签订了第一个中日民间贸易协定。

4.2　曹菊如（任期：1954.11—1964.10）

曹菊如（1901—1981），福建龙岩人。1954 年起出任中国人民银行行长兼党组书记，1964 年卸职。

1948 年 10 月至 1949 年 9 月，曹菊如任中共中央东北局财政经济委员会委员、东北行政委员会财政经济委员会委员、东北财委秘书长等职务，具体筹划东北地区金融事业的发展，促进统一全国财政金融，统一货币发行。1953 年 9 月至 1954 年 9 月，任中国人民银行副行长；1954 年起出任中国人民银行行长兼党组书记，1964 年卸职。致力于发展国家金融事业，建立独立的、统一的、稳定的货币制度和社会主义金融体系。1955 年，具体主持全国新人民币的发行工作，保证货币的正常流通和币值的长期稳定。

南汉宸

曹菊如

4.3 胡立教（任期：1964.10—1973.5）

胡立教（1914—2006），江西吉安人。1961年10月至1964年任中国人民银行副行长、党组副书记。1964年10月至“文化大革命”初期任中国人民银行代行长、党组代书记。

4.4 陈希愈（任期：1973.5—1978.1）

陈希愈（1911—2000），山西霍州贾孟村人。曾任冀南银行副行长，新中国成立后，历任中国人民银行中南区行行长，中共中央中南局财贸委员会副主任。1949年到上任中国人民银行行长之间的24年间，他一直任央行副行长，先后辅佐过南汉宸、曹菊如和胡立教前三届央行行长。1973年，任财政部副部长兼中国人民银行行长。期间积极开展了筹措外汇和利用外资的工作，并对“文革”以来延缓的各项工作进行了补救，这对于恢复工农业发展有着十分积极的意义。“四人帮”倒台后，国民经济秩序逐渐恢复，陈希愈带领央行积极寻求变革，先后制定《中国人民银行财务管理制度》和《中国人民银行结算办法》等。

胡立教

陈希愈

4.5　李葆华（任期：1978.1—1982.5）

李葆华（1909—2005），河北省乐亭县人。1978年1月至1982年5月任中国人民银行行长、党组书记。期间规划金融业发展蓝图，有计划、有步骤地推进金融业的恢复和改革工作；在他的推动下，确立和推进了专业银行从人民银行分离出来的改革，成立了国家外汇管理总局，相继恢复或成立了一批保险业、信托业金融机构。在李葆华任期内，我国恢复了在国际货币基金组织、世界银行等国际金融组织的合法地位，人民银行开始代表国家参与国际金融事务，与国际金融界的交往日益增多。

4.6　吕培俭（任期：1982.5—1985.3）

吕培俭（1928—），江苏洪泽人。新中国成立后吕培俭一直在财经部门工作，并历任华东军政委员会财政部审计组长、副科长，财政部经建财务司副科长、科长、副处长、处长，财政部办公厅机要办公室副主任、主任，办公厅副主任，财政业务组副组长，工业交通商业财务司副司长等职。1978年5月，升任财政部副部长。1982年任中国人民银行行长、党组书记，中国人民银行理事会理事长。

李葆华

吕培俭

4.7 陈慕华（任期：1985.3—1988.4）

陈慕华（1921—），浙江青田人，央行首位女行长。1985年3月正式上任。致力于推进银行体制改革，改进宏观调控的手段和方式。逐步运用利率、存款准备金率、中央银行贷款等手段来控制信贷和货币供给。在制止"信贷膨胀""经济过热"，促进经济结构调整的过程中，初步培育了运用货币政策调节经济的能力。

4.8 李贵鲜（任期：1988.4—1993.7）

李贵鲜（1937—），湖南长沙人。1988—1993年任国务委员兼中国人民银行行长、党组书记，曾是国务院最年轻的国务委员。其间，在制定和执行我国现行的货币政策，防止通货膨胀，加强国家宏观调控，维护金融稳定等方面作出了很大贡献。

陈慕华

李贵鲜

4.9 朱镕基（任期：1993.7—1995.6）

朱镕基（1928—），湖南长沙人。1988—1993 年任国务委员，1993 年起兼任中国人民银行行长、党组书记。在任央行行长期间采取一系列强硬措施，建立现代银行制度，抑制了通货膨胀、物价上涨，以及金融市场的混乱苗头，抑制住了国家经济增长过热的现象，实现了“软着陆”，有效地控制了中国金融秩序，取消了人民币汇率和国内物价双轨制，与市场接轨。

4.10 戴相龙（任期：1995.6—2002.12）

戴相龙（1944—），江苏省仪征市人。1983 年起历任中国农业银行江苏省分行副行长，中国农业银行副行长，交通银行总经理、副董事长、党组书记兼中国太平洋保险公司董事长。1993.7—1995.6 任中国人民银行副行长、党组副书记。1995 年 6 月起，出任中国人民银行行长、党组书记。在戴相龙担任中国人民银行第十任行长期间，亚洲金融危机爆发，戴相龙推动银行管理体制和经营机制改革，曾先后主导连续九次降低存贷款利息。

朱镕基

戴相龙

4.11 周小川（任期：2002.12—）

周小川（1948—），现任中国人民银行行长。1991年起历任中国银行副行长、国家外汇管理局局长。1996年10月至1998年2月任中国人民银行副行长兼国家外汇管理局局长。1998年2月任中国建设银行行长，2000年2月任中国证券监督管理委员会主席。2002年12月至今任中国人民银行党委书记、行长。曾发表题为《关于改革国际货币体系的思考》的署名文章，提议创造一种与主权国家脱钩，并能保持币值长期稳定的国际储备货币，并于中国人民银行发布的《2009年中国金融稳定报告》中正式提出创立超主权货币。2010年末，面对热钱流入加速的形势时周小川曾提出“池子理论”，引起了广泛的关注。2011年9月周小川被《欧洲货币》杂志评选为“年度全球最佳央行行长”。

周小川

第四部分　著名政治家与金融

1　梁启超的金融改革启蒙思想

1.1　梁启超

梁启超（1873—1929），广东新会人，戊戌变法主要参与者之一。他研究货币、银行与金融，推广现代金融意识，先后出任币制局总裁、财政总长等职务，整顿金融推行币制改革，是中国现代金融的奠基人物之一。

1.2　梁启超的货币改革思想

1904 年，梁启超发表了《中国货币问题》一书，集中反映他的货币改革思想。他认为在五口通商后，币制改革已成为最紧迫的社会问题，同时明确了货币改革对于工业发展、财政和对外经贸关系的重要意义。

梁启超

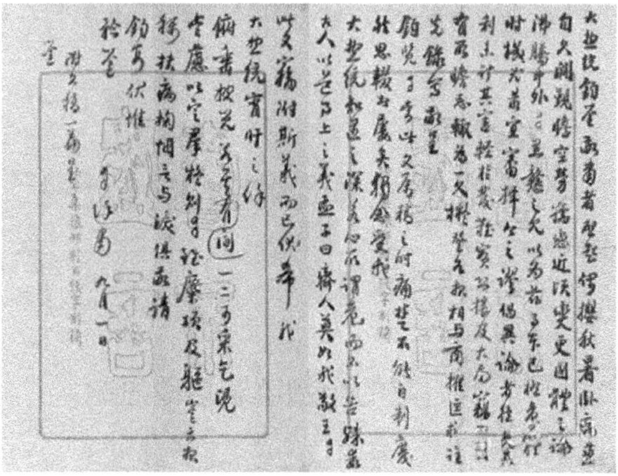

梁启超著作手稿

1.3 中国货币本位制

20世纪初，本位问题成为清末币制改革中的最主要问题。梁启超认识到清朝银钱并行的货币制度中，无本位状况对币制所造成的危害，主张明确本位问题是进行币制改革的第一步，即“当明货币与金块银块性质之别”，为中国币制改革提出了发展方向。

1.4 银行制度的建设

1902年，梁启超发表了《中国改革财政私案》，认为银行的主要业务不是发行钞票，而是存贷取息，通过吸收存款向工商业提供贷款；同时系统地提出了银行制度建设方案，即在中国普遍建立起西方式的资本主义银行，并根据银行经营货币这一特殊性设立特殊的经营方式。

1.5 公债思想

梁启超所理解的公债是国家以信誉筹集社会闲散资金所负担的一种债务，是国家筹措财政资金的必需手段，并认识到公债对活跃一国金融的重大作用，其公债思想为其财政改革方案和货币金融改革同时服务。

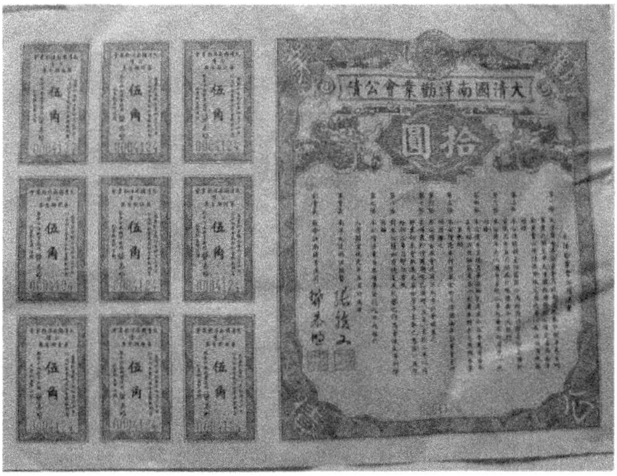

晚清公债债券实物

2 孙中山与中国金融近代化

2.1 孙中山

孙中山（1866—1925），广东香山县（现中山市）人，“中华民国”和中国国民党创始人。他是最早提倡以革命推翻清政府统治、建立民国政府的革命家之一，利用金融手段为革命活动筹措大量资金，他所采用的金融创新工具具有开创性意义。

2.2 改组大清银行为中国银行

孙中山

1912 年南京临时政府成立，孙中山任临时大总统。为能在短时间内成立中央银行，南京政府提出停止大清银行原有业务、将其改组为中国银行作为政府中央银行的方案。大清银行原有官股 500 万两，全数补抵战时各行所受损失及坏账；原有房屋生财等项统归中国银行接收应用。

大清银行成立三年合影

2.3　支持中华银行

1911年11月，沪军都督府陈其美发起成立中华银行，股本为银洋500万元。中华银行成立初期经营遇到困难，孙中山以中华银行董事的身份致电各方请求支持，并派专员前往南洋各地添招新股。至1912年年底，中华银行在上海本地和南洋各埠不仅获得了急需股款，还扩大了影响，当年净盈余规元54 200多两。

2.4　发起成立上海证券物品交易所

1891年成立的英商经营的上海股份公所是上海地区最早的交易所，后改组为上海众业公所。1916年孙中山为筹集革命资金，倡议创办上海金融界交易所。1920年7月，上海证券物品交易所正式开业，额定资本500万元，由虞洽卿出任理事长。

上海证券物品交易所开幕

2.5 声讨曹锟贿选

1923 年 10 月，北洋直系军阀曹锟就任大总统职位，爆出贿选丑闻。在这次选举中，议员投曹锟一票可得到 5 000元支票，贿选资金总额高达 1 356 万元。同月 7 日，中国国民党发表宣言声讨曹锟贿选窃位，次日孙中山下令讨伐曹锟，发表公开声明拒不承认曹锟为总统。

曹锟

3 蒋介石与民国时期币制改革

3.1 蒋介石

蒋介石（1887—1975），江苏宜兴人。“中华民国”国民政府主席、国民政府军事委员会委员长。早年曾在孙中山发起的上海证券物品交易所担任经纪人，在其国民政府主席任期内大力推行金融体制改革，推行了废两改元、法币、金圆券等改革措施，也导致了法币的恶性通货膨胀。

3.2 颁布《中央银行条例》

南京国民政府成立后，蒋介石着手进行金融改革和统一币制。1928 年 10 月，蒋介石出任国民政府主席，同月国民政府颁布了《中央银行条例》和《中央银行章程》，成立了资本由国库全额拨付的中央银行。

3.3 废两改元

1933 年 3 月，国民政府财政部发布《废两改元令》，规定所有公私款项收付、契约票据及一切交易一律改用银币，不得再用银两。自此中国币制开始废用银两，改用银圆。原定以银两收付者，以银两 7 钱 1 分 5 厘折合银币 1 元的标准折为银币收付。

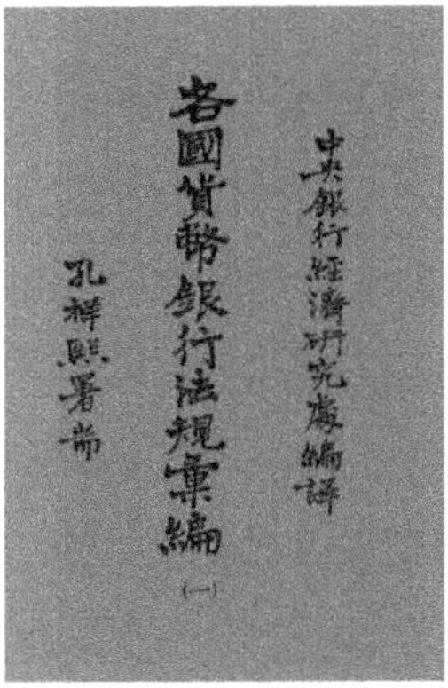

各国货币银行法规汇编

民国法币全套

3.4 法币改革

1933 年国民政府成功实行废两改元后，蒋介石主张对财政货币加强管理和银行统一货币发行。1935 年 1 月，蒋介石经与孔祥熙等密商，确定实施“统一币制”；1935 年 11 月，国民政府正式公布《法币改革令》，规定中央银行、中国银行、交通银行、中国农业银行的钞票为法币，完粮纳税及一切公私款项的收付只能使用法币，不再使用银币。

4 毛泽东的金融政策实施

4.1 毛泽东

毛泽东像

毛泽东（1893—1976），湖南湘潭人。中国共产党创始人之一，中华人民共和国第一任主席。他具有较为前瞻的金融意识，早在抗战时期就逐步设立地方银行，发行地方纸币，第一次国共合作时期提出设立国家银行；中华人民共和国成立后迅速稳定了国家金融体系，领导建立并初步完善了共和国的货币制度。

4.2 改革金融体系

第一次国共合作时期，毛泽东提出“设立国家银行，以最低利息开发农工商业”。延安政府召开公审大会，将原有的金融机构如票号、当铺等逐步取消，同时收归私营银行钱庄业务，纳入延安政府的控制之下，为建立中央银行进行准备。

4.3　建立根据地银行，发行货币

1937 年 10 月，原中华苏维埃国家银行西北分行改变名称，成立陕甘宁边区银行，停止苏票发行以法币回收。1938 年 6 月，根据地政府批准光华商店发行“延安光华商店代价券”作为法币的辅币，实际起到了本位币的作用。1938 年 10 月，毛泽东明确要求各根据地组织发行自有货币。

延安光华商店代价券

4.4　实行农业贷款低利率政策

为保证根据地资源供给，1938 年 10 月，毛泽东在中共六届六中全会上提出“由国家银行办理低利借贷，协助生产事业的发展及商品的流通”，并将其列入十项财经政策之一。1942 年 12 月，毛泽东再次提出农贷问题。1943 年后，随着根据地大生产运动广泛展开，生产贷款也转向支持私营经济，面向群众大力发放农业贷款。

4.5 中国人民银行的成立和人民币的发行

1947年冬，原各根据地的区域性银行和区域性货币已无法适应形势需要，成立统一的人民银行与发行统一货币势在必行。1947年12月，毛泽东接受成立中央银行、发行统一货币的建议。1948年12月，中国人民银行正式宣布成立，同时发行第一套人民币。

第一套人民币样张

5 陈云的共和国金融体系建设

5.1 陈云

陈云（1905—1995），中华人民共和国原国务院副总理、商业部部长。他参与了中国共产党一系列重大金融决策的制定和实施，稳定了新中国成立初期的金融动荡和物价飞涨态势，调整了工商业，恢复了国民经济等，对中国的改革开放也有重大贡献。

陈云

5.2 稳定金融与物价

中华人民共和国成立前后，由社会动荡导致的通货膨胀和投机倒把现象十分严重。1949 年 6 月，陈云以中共中央名义开展打击银圆投机活动，明令金条、银圆、外币一律由人民银行挂牌收兑，禁止在市场上自由流通，促使人民币占领上海货币市场。同年 10 月，全国物价大幅上涨，陈云亲赴上海，凭借稳定粮食和纱布两大主要商品价格，对投机资本给予毁灭性打击，稳定了金融与商品市场。

毛泽东、陈云在解放区

5.3 建立财政统一调拨制度

20世纪50年代，由于新成立的共和国政府开支巨大和各产业恢复等原因，国家财政收支不平衡和货币增发等不稳定因素逐渐显现。1950年2月，陈云在第一届全国金融会议上指出，银行的中心工作是“收存款、建金库、灵活调拨”。同年10月，全国初步实现了财政收支、现金收付和物资调度的平衡。到1950年5月底，全国实现了现金收支平衡。

5.4 初步完善共和国货币制度

为了确保货币发行权的绝对集中，1949年10月，陈云主持中财委颁布了《关于建立发行库的决定》，中国人民银行据此于1950年10月颁布《发行库条例》，规定中国人民银行建立发行库制度，使人民币发行集中统一，采取开办特种储蓄、保本保值等灵活多样的金融政策，改善了民众普遍遗留的“重物轻币”心理。

5.5 发挥金融调控作用

1960年，市场出现了严重的通货膨胀。陈云提出“争取快，准备慢”的稳扎稳打的方针。经过三年努力，1964年国家财政经济状况得到根本好转，各项指标全部恢复，有的甚至超过了“一五”时期的最好水平，现金流通恢复正常。

6　邓小平的改革开放与金融核心论

6.1　邓小平

邓小平法国留学时期照片

邓小平（1904—1997），四川省广安人，中国共产党和中华人民共和国的主要领导人之一。他推动了中国金融改革和现代资本市场的创建。中共十一届三中全会后，在他的主导下中国经济开始面向全球开放。

6.2　改革开放

1978 年 11 月，时任国务院副总理的邓小平访问新加坡，受新加坡吸引境外跨国企业投资、建立后勤枢纽和发展金融业、实现经济发展模式的启发，于 1978 年 12 月中共十一届三中全会上提出中国开始实行对内改革、对外开放政策。1980 年，大陆 4 个沿海地区开办了经济特区，鼓励境外投资和自由贸易。

6.3　金融核心论

1992 年春，邓小平高度评价浦东新区在开发中实施“金融先行”的做法。他提出“金融很重要，是现代经济的核心”，逐渐形成了邓小平金融思想中的主要观点——金融是现代经济的核心。

6.4 恢复中国证券市场

1992年邓小平视察南方时表示，可以尝试性引入证券、股市等当时资本主义特有的金融工具，为中国恢复股票市场提供了思想基础。同年的10月，中国证券监督管理委员会成立，证券市场由地区性试点开始向全国范围推广。

邓小平向纽约证券交易所董事长约翰·范尔霖赠送
上海飞乐音响股份有限公司股票

第五部分　中国金融全景与未来格局

1　改革开放后金融组织体系的变化

1.1　中国人民银行独立分设

1977 年 11 月 28 日，国务院颁布《关于整顿和加强银行工作的几项规定》，确保货币发行权的集中统一；同年 12 月 31 日，中国人民银行总行从财政部正式独立出来，作为国务院部委一级单位与财政部分设。

中国人民银行旧址

1.2 一元银行体制

1978年1月1日，脱离财政部分设的中国人民银行开始独立办公。从财政部分离后，中国人民银行既是共和国发行钞票的中央银行，又是受理居民、企业储蓄的经营机构。这种一元银行制一直实行到1979年3月中国农业银行恢复营业、储蓄等商业银行日常业务从人民银行分离出来，至此中国人民银行单独履行中央银行职能。

1.3 金融体制改革确立

1993年12月，国务院发布了《关于金融体制改革的决定》，提出"把国家专业银行办成真正的国有商业银行"。1994年，三家政策性银行国家开发银行、中国农业发展银行和中国进出口银行先后成立，接收四大银行的政策性业务，政策性金融与商业性金融分离。

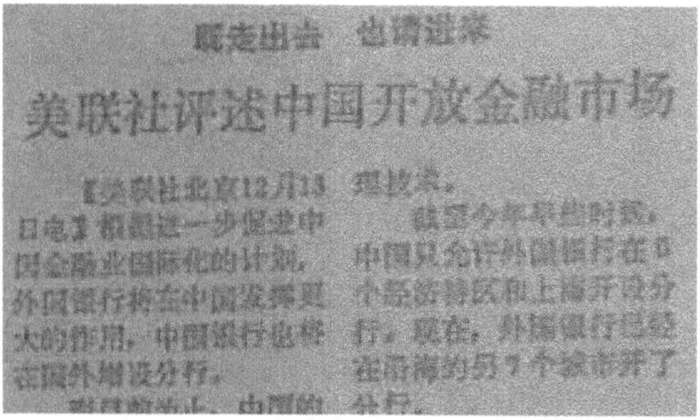

既走出去 也请进来

美联社评述中国开放金融市场

【美联社北京12月13日电】根据进一步促进中国金融业国际化的计划，外国银行将在中国发挥更大的作用，中国银行也将在国外增设分行。

理技术。

截至今年早些时候，中国只允许外国银行在5个经济特区和上海开设分行。现在，外国银行已经在沿海的另7个城市开了分行。

美联社评关于中国金融体制改革的决定

1.4　《商业银行法》颁布

1995 年，《商业银行法》正式颁布，将工、农、中、建四大银行定位为国有独资商业银行。这是共和国第一次以立法形式确立商业银行的经营原则。《商业银行法》颁布后，此前的国有专业银行开始加速向国有商业银行转轨。

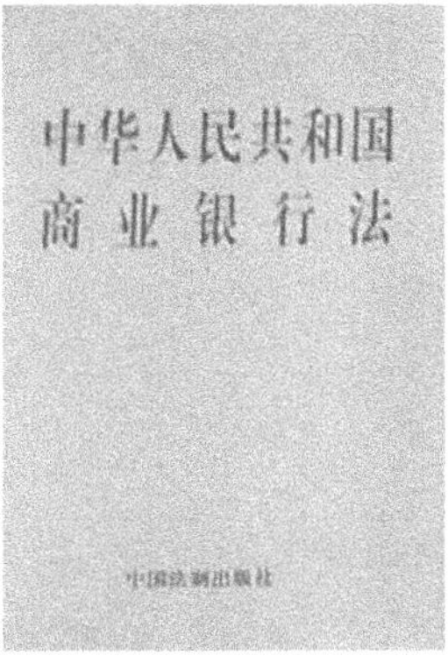

商业银行法

1.5　金融业分业监管的设立

1997 年 11 月，原人民银行监管的证券业务划归中国证监会统一监管；1998 年 11 月，中国保监会正式成立，人民银行不再担负监管保险市场职能；2003 年 4 月，中国银监会成立，银行业监管不再由人民银行承担。至此，人民银行剥离了具体金融业务监管职能，转而在国务院领导下强化制定和执行货币政策职能。

2　多元化资本市场的建立

2.1　中国保险业务的恢复

1979年4月，国务院批准《中国人民银行分行行长会议纪要》，决定“逐步恢复国内保险业务”。随后中国人民银行颁布了《关于恢复国内保险业务和加强保险机构的通知》。同年11月19日至27日，全国保险会议在北京举行，经国务院批准，中国人民保险公司开始逐步恢复保险业务。

全国保险会议

2.2　国库券发行与证券市场复苏

1981年，我国财政部首次发行了总金额40亿元的国库券，10年还本付息，年息4厘，自发行第6年起分5年作5次偿还本金，国库券不得当作货币流通，不得自由买卖。自此中国证券市场开始复苏。此后，在上海、深圳等地开始了股份制改革试点工作。1981 年到 1987 年，国库券的年均发行规模为 59.5 亿元。

1981 年国库券票样

2.3　我国证券市场的逐步建立

1984 年 11 月，改革开放后第一只股票———上海飞乐音响公司股票向社会公开发行。1986 年 9 月，我国第一家代理和转让股票的证券公司——中国工商银行上海信托投资公司静安证券业务部启动营业，从此恢复了中国中断了 30 多年的证券交易业务。

上海证券交易所开业

2.4 股份制商业银行的兴起

自1986年起，一批新兴的股份制商业银行开始出现，1987年至1988年间，包括交通银行、招商银行、中信实业银行、深圳发展银行、福建兴业银行、广东发展银行等在内的一批新兴股份制商业银行陆续创立。

2.5 城市商业银行

1995年9月，国务院发布了《关于组建城市合作银行的通知》，决定自1995年起逐步撤并城市信用社，同时在35个大中城市分期分批组建地方股份制性质的城市合作银行。

2.6 外资银行重新进入中国

2007年4月，汇丰、渣打、东亚、花旗4家外资银行在中国取得法人营业执照，重新回到中国，开立包括吸收公众存款、发放贷款、办理票据承兑与贴现、办理国内外结算等在内的人民币零售业务。自此，银行业开始向外资开放。

3 新金融探索与产业

3.1 风险投资基金的出现

1985年，国务院发布了《关于科学技术改革的决定》，其中提到支持创业风险投资的问题。随后由国家科委和财政部等部门筹建了我国第一个风险投资机构——中国新技术创业投资公司。

3.2 私募股权基金进入中国

20世纪90年代之后，大量的海外私募股权投资基金开始进入中国。2004年6月，美国新桥资本以12.53亿元收购深圳发展银行17.89%股权，私募股权基金开始进入中国并蓬勃发展。

3.3 金融业对外开放

1978年后，中国金融按照先经济特区，再沿海开放城市，然后逐步向内地省会城市和经济中心城市辐射的方式逐步对外开放。2001年12月11日，中国正式加入世界贸易组织（WTO）。按照入世协议要求，中国逐步取消外资银行在中国经营人民币业务的地域限制和客户限制，对外资银行实行国民待遇。

中国加入WTO签字仪式

3.4 并购产业与并购基金

20世纪末，企业间并购行为逐渐在中国兴起。2004年9月，首个并购民间行业协会——并购公会成立。这一时期并购基金开始在中国市场迅速发展。2006年至2009年期间，针对中国市场的并购基金共有36只，规模达到406.74亿美元，在中国市场完成了32起并购投资，投资金额达49.72亿美元。

4 互联网金融革命

4.1 金融与互联网的融合

20世纪末，一些传统金融业务开始借助互联网络的便利性，开展新型的服务方式。1996年，中国银行建立了自己的官方网站，开始通过互联网提供金融基础服务；1999年9月，招商银行推出网络银行服务，成为国内首家在全国范围提供网上服务的商业银行。

4.2 阿里巴巴网络贷款业务

2004年10月，阿里巴巴集团投资成立支付宝公司。此后该公司联合建设银行、工商银行推出无抵押的网络联保贷款。2010年6月，阿里巴巴小额贷款公司在浙江成立，成为中国金融行业首个以电子商务行为数据为信用依据的贷款机构。

4.3　监管机构对互联网金融的介入

2012 年 12 月，中国人民银行正式发布移动支付系列技术标准。2013 年 2 月 28 日，中国保监会正式发布批文，同意筹建由阿里巴巴、腾讯与中国平安共同发起成立的“众安在线财产保险公司”。

4.4　互联网金融对传统金融的冲击

2013 年 6 月，中国银联与中国移动合力打造的移动支付平台宣布正式上线。同月 13 日，支付宝推出余额增值服务“余额宝”。通过余额宝，用户在支付宝网站内就可以直接购买货币基金等理财产品并获得收益，互联网金融开始介入以前由传统金融独占的理财领域。至 2013 年末，余额宝规模达到 1 853 亿元，客户数量达到 4 303 万人。

第六部分　全球各国金融史参考

1　英国光荣革命与英格兰银行

1.1　近代银行业的起源

12 世纪，地中海沿岸各国的发达贸易需要大量货币进行交易，出现了货币兑换商。货币兑换商替人保管货币发展出最初的存款业务，并向商人提供带有高利贷性质的贷款。16 世纪末，以存款为主要业务的公共银行出现。

1.2　英国近代银行的起源

查理一世像

1545 年，允许收取利息的法令使英国金匠业得到发展。1640 年，商人出于安全考虑存放在伦敦塔的现金被查理一世强取，金匠开始大规模代人保管金银。1672 年，查理二世宣布暂停支付金匠商人的借款，并对一些重大款项进行毁约，金匠商面对公众的挤兑无法兑现，纷纷倒闭，使得从民众到王室都迫切要求摆脱金匠商人，转为建立更稳妥的私人银行机构。

1.3　王权对议会的践踏

1215 年《自由大宪章》颁布，规定国王征税须取得议会的同意。但从 1603 年斯图亚特王朝起，由于战争原因导致财政困难，国王开始因为征税问题与议会的矛盾激化；詹姆士一世时期曾因征税问题遭议会否决而拘禁议员；到查理一世时期，英王想尽一切办法筹集资金，包括命令人们把房屋让给军队居住以节省开支，向居民征收强制性借款等。

1215 年，英国坎特伯雷大主教斯蒂芬 · 兰顿执笔和贵族共同起草《自由大宪章》

1.4　《权利法案》颁布

1688 年，辉格党人与部分托利党人邀请詹姆士二世的女儿玛丽和时任荷兰奥兰治执政的女婿威廉入主英国，推翻复辟的斯图亚特王朝。1689 年，英国颁布《权利法案》，开始了君主立宪体制的进程，王权受到约束。国王不经议会同意不得废止法律，国家信誉开始建立起来。

1.5 国家信誉的建立

1688 年以前，英国政府由于信誉不佳，债务很少超过 200 万英镑。光荣革命之后，政府债务改由议会担保偿还，严格的法制化演变出银行信用体系，以保障源源不断的民间资金流入英格兰银行，资助英国取得战争主动权。

18 世纪的英格兰银行

2　法国大革命与法兰西银行

2.1　法国大革命前的财政危机

18 世纪初到 18 世纪中叶，法国多次卷入战争并惨败，使法国丧失了海外殖民地和海外市场，路易十六支持北美反对英国的独立战争开销巨大，1786 年英法贸易协定又导致法国的纺织业遭到严重打击，法国的财政陷入绝境。

2.2　路易十六的税赋制度改革的失败

1788 年，法国王室的债务占总支出的 50% 以上，路易十六开始向贵族特权等级征税，围绕所有人纳税平等这一问题，开始了杜尔阁、卡洛纳和布里埃纳的改革。改革遭到贵族特权阶层的强烈反对，贵族阶层提出与国王分权。1792 年，代表了大工商业资产阶级的吉伦特派上台执政，次年路易十六被处死，税赋改革失败。

路易十六被处死

2.3 法国大革命

1793 年 6 月，以罗伯斯庇尔为首的雅各宾派掌握了政权。雅各宾派采取一系列恐怖统治措施摧毁了法国封建制度。1794 年，热月政变推翻了雅各宾派的恐怖统治，宣告了法国大革命中市民革命的结束，在政变中建立了以热月党人为代表的大资产阶级政权。

2.4 《人权宣言》

1789 年 8 月 26 日，法国制宪会议发布《人权与公民权宣言》（简称《人权宣言》），宣布“在权力方面，人们生来而且始终是自由平等的”。《人权宣言》确立了法国的人权、法制、公民自由和私有财产权等资本主义基本原则。

2.5 资产阶级掌权时期的财政问题

1789 年 10 月，大资产阶级掌权。作为国债的债务人，国民议会借口维系公共信用，先后两次向债权人承诺偿付国债；此外，制宪会议后，旧赋税制度被废除，新税制的推行受到民众的抵制，新税源一时很难找到，掌权派面临严重的财政问题。

2.6 指券

制宪会议下令将教会全部财产收归国有，并从 1789 年 12 月 29 日起发行一种名为“指券”的有价证券。指券以国有地产为担保，可作为货币流通。措施颁布后，政府财政状况有所缓和。1790 年 5 月，制宪会议下令以分期付款的方式拍卖教会地产，国库得到充实。

指券

2.7　热月政变后的法国财政

法国大革命结束后，热月党人建立了督政府并颁布《1795 年宪法》。宪法规定了新的政府财政政策和货币政策，450 多亿指券被浓缩为 24 亿土地券，后又被削减为 2 400 万硬币或凭券。这一改革实施后，通货膨胀政策逐渐被通货紧缩所取代。

2.8　法兰西银行的建立

1799 年 11 月，拿破仑发动“雾月政变”夺取法国政权。

面对一贫如洗的国库，为了高效征税和发行国债，1800 年 2 月拿破仑创立了法兰西银行。法兰西银行由政府和私人分别投资 500 万法郎和 2 500 万法郎，并通过兼并垄断了巴黎地区的纸币发行权，逐渐成为整个法国金融体系的核心机构——现代中央银行。

3 美国独立战争与债券融资

3.1 殖民地的诞生和美利坚民族独立意识的觉醒

1607 年，英国人来到北美大西洋沿岸建立第一个殖民地——弗吉尼亚。到 18 世纪 30 年代，英国人已在北美大西洋沿岸建立了 13 个殖民地。在长期的交流、融合过程中，美利坚民族的独立意识逐渐觉醒。

弗吉尼亚

3.2　美利坚民族与英国的矛盾激化

为争夺对北美殖民地的控制，英国与法国从 1756 至 1763 年进行了长达七年的战争。为弥补战争导致的财政困难，英国不断向北美各殖民地增加税收。殖民地人民不满英国的盘剥和束缚，双方矛盾日益尖锐，最终导致美国独立战争的爆发。

3.3　独立战争开始

1775 年 5 月，第二届大陆会议召开。会议任命乔治·华盛顿为总司令，正式对英宣战。7 月 4 日，会议通过并颁布《独立宣言》，宣布建立美利坚合众国。

美国第二届大陆会议

3.4 美国纸币的发行

在独立战争中，因大陆会议无权征税，同时殖民地人民痛恨纳税，各州政府无法征收足够的税金以满足战争的需要，改为发行纸币。自 1777 年至 1779 年，大陆会议共发行了 1.91 亿美元大陆币。

3.5 外债与国债发行

大陆币的大量发行导致了美国的通货膨胀。1778 年，法国承认美国独立并结成同盟。美国政府用从法国借来的 600 万法国金币作为担保，发放了 2 700 万美元债券，但通货膨胀依然没有得到解决。

3.6 独立战争的胜利

独立战争的最后两年，美国因战争经费不足濒临失败。华盛顿向法国国王再次借款 250 万法国金币，美国第一任财政部长亚历山大·汉密尔顿将其作抵押再次发放国债。在法国海军的支持下，大陆军在南方港口城市约克镇打赢了关键一战，迫使英军投降。1783 年 9 月 3 日，英国与美国在法国签署《巴黎条约》，承认美国独立。

美国独立战争

4　俄国的苏维埃国家金融

4.1　俄国封建农奴制的废除

1861 年俄国废除了农奴制度。此后俄国经历了斯托雷平改革，以及 1906 年宪法和国家杜马等改革，改善了经济状况，但仍是落后的农业国。第一次世界大战使俄国国民经济受到严重破坏，社会矛盾激化。1917 年，俄国爆发“二月革命”，沙皇被推翻。

俄国二月革命

4.2 十月革命与苏维埃政权的建立

“二月革命”后，俄国的临时政府不断改组。列宁领导的布尔什维克利用民众对改变现状的强烈愿望，于 1917 年 11 月夺取政权，建立了以工农兵为代表的苏维埃共和国，将俄国引上了社会主义道路。

俄国十月革命

4.3　苏维埃国家的国民经济

苏维埃政权建立初期，在面临国内战争、国际武装干涉和经济极其困难的情况下，为了保障粮食和军需品供应，俄国共产党加快了战时“军事共产主义”的步伐，包括实行余粮收集制，废除市场经济，战时共产主义政策下银行被国有化，并在分配领域实行平均主义。

4.4　苏维埃国家金融

1921 年俄共第十次代表大会决定用粮食税代替余粮征集制，允许私人兴办中小企业，开始了新经济政策时期。同时，重新成立苏维埃社会主义共和国国家银行作为中央银行，先后建立了工业银行、农业银行、消费合作银行等与多种经济成分相适应的部门银行和地区性银行，对国民经济的迅速恢复和发展起到了积极的促进作用。

列宁（中间）

5 明治维新与日本近代金融体系

5.1 明治维新后日本金融业发展状况

19世纪60年代明治维新后，日本新政府举起了“富国强兵”“殖产兴业”的旗帜，在政府领导下实行“自上而下工业化”政策。1869年2月，日本建立通商司。三井等封建特权商人转变为近代资本家。

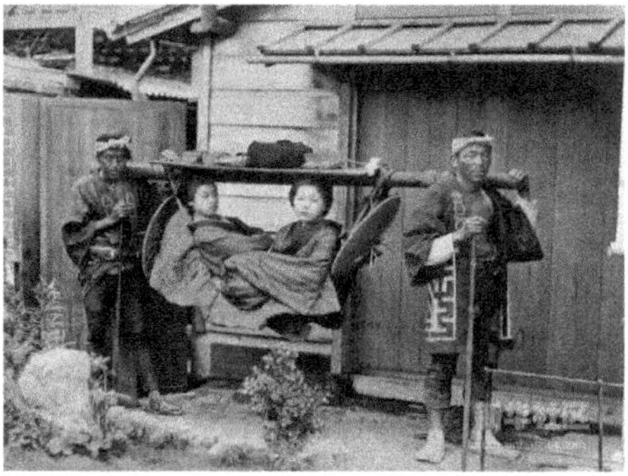

明治维新前日本社会真实写真

佩里来航

5.2　《新货币条例》

1871 年，伊藤博文考察美国财政货币制度后，回国制定了日本《新货币条例》，推行金本位制，这是日本近代金融体系建立的起点。1871 年 12 月，明治政府宣布发行新纸币“日元”，并于 1897 年颁布《货币法》，同年 10 月正式实行金本位制。

日本三井家族
八郎右卫门

5.3　建立中央银行

1882 年，日本正式确定日本银行为中央银行。日本银行是一家股份制公司，政府与私人金融家各自持有相应的股权，三井家族为主要发起股东。随后，日本银行作为日本唯一的法定发钞银行，陆续收回了 153 家国立银行的发钞权。

5.4 商业银行及特殊政策性银行

1890年，日本颁布《银行条例》《储蓄银行条例》，普通银行、储蓄银行获得迅速发展。这一时期，日本政府还根据特别法律建立了一些特殊银行，包括横滨正金银行、日本劝业银行、农工银行、北海道拓殖银行、日本兴业银行等。它们出于不同政治或经济目的成立，受政府的保护，享受特殊待遇，为特殊目的服务。

抗战时期日本劝业银行在中国发行的储蓄债券

5.5 战争赔款促进日本金融业发展

1895年中日甲午战争后，日本从中国获得的巨额战争赔款，相当于其当时国库平均年收入的5倍之多，为其实行金本位制积累了必要的准备金，日本的金融业得以迅速发展和日趋完善。

甲午战争中国战败签约

博物馆里说革命金融/中国金融博物馆编著．—北京：首都经济贸易大学出版社，2014. 8

ISBN 978 -7 -5638 -2254 -6

Ⅰ. ①博…　Ⅱ. ①中…　Ⅲ. ①金融—经济史—中国
Ⅳ. ①F832. 9

中国版本图书馆 CIP 数据核字（2014）第 155390 号

博物馆里说革命金融

中国金融博物馆　编著

出版发行	首都经济贸易大学出版社
地　　址	北京市朝阳区红庙（邮编 100026）
电　　话	（010）65976483　65065761　65071505（传真）
网　　址	http：//www. sjmcb. com
E - mail	publish@cueb. edu. cn
经　　销	全国新华书店
照　　排	首都经济贸易大学出版社激光照排服务部
印　　刷	北京京华虎彩印刷有限公司
开　　本	880 毫米 ×1230 毫米　1/32
字　　数	144 千字
印　　张	5. 625
版　　次	2014 年 8 月第 1 版　2014 年 8 月第 1 次印刷
书　　号	ISBN 978 -7 -5638 -2254 -6/F · 1280
定　　价	25. 00 元
